きらきらschoolの挑戦

すべては自分次第
「50歳から自分を売る」

きらきらschool 編著

セルバ出版

はじめに

２０１７年７月、「きらきらｓｃｈｏｏｌ」は活動を始めました。「きらきらｓｃｈｏｏｌ」は、今まで社会に貢献してきた中高年者の新たなスタートを応援するコミュニティーです。

自ら計画して新しい事業にチャレンジしたり、チャレンジする仲間を応援したり、新しい事業を始めるヒントを仲間から教えてもらったりしています。

メンバーには、既に自分で事業を立ち上げている人もいますし、勉強しながら準備をしている人もいます。そして、「きらきらｓｃｈｏｏｌ」の有志メンバーでグループをつくっていくつかの事業を展開しています。その内容をお伝えしたいと思い、書籍を執筆しました。

起業を考える方が一番知りたいのは、どうやったら競合者に負けることなく最初の売上を生み出し、その売上を継続して生み出し続けることができるかです。ビジネスを始めるにあたって、物（サービス）を売ることができなければ全く話になりません。

そのヒントを本書で紹介することにしました。決して、絵に描いた餅ではありません。きらきらｓｃｈｏｏｌのメンバーが身をもって体験した事例や、きらきらｓｃｈｏｏｌメンバーが仮説を立てて実践し検証した結果を紹介します。

本書は共著です。物（サービス）を売ること、自分を売ることに苦労して、自分なりにノウハウを身に付けたきらきらｓｃｈｏｏｌの有志会員10人で執筆しました。

「きらきらｓｃｈｏｏｌ」は、50歳以上の方のコミュニティーです。士業もサラリーマンもフリーランスも経営者も主婦もいろんなバックグラウンドの方たちがいます。共通しているのは、どんな境遇に置かれようと自分の責任を全うして結果を残してきた人たちです。常に新しいことにチャレンジするマインドの人たちで活動を続けています。

私たちが見つけた回答。それは、「売上を生み出す秘訣は、買いたいと思う人をたくさん育てること」です。その手法について、本書を通じて、私たちの経験からヒントを得ていただければと思います。

偉そうなことを言っていますが、私たち自身も「物（サービス）を自分たちの手で販売する」ということは、最近始めたばかりです。手探り状態であらゆる方法を試している状況です。それでも、いろんなことにチャレンジしてきました。それをご紹介させていただきます。

皆さんは、私たちの提供するヒントから自らの仮説を立てて実践してください。そのまま真似していただいてもＯＫです。最初は真似でも、やっているうちにご自身のノウハウとなって身に付きます。そして誰にも簡単には真似できない、あなただけの秘訣を見出していただければ、何よりもうれしく思います。

本書が、皆さんの最初の一歩のハードルを少しでも下げることに繋がれば本望です。

平成29年10月

きらきらｓｃｈｏｏｌ代表　公認会計士・税理士　海﨑　雅子

《きらきらｓｃｈｏｏｌの挑戦》すべては自分次第「50歳から自分を売る」目次

2章 真似して踏み出すはじめの一歩

3章　やらずに後悔せず、やって反省する

4章　ブランディングの基礎の基礎

5章　損益分岐点売上高を感覚的に押さえる

6章　PDCAを回して進化する

7章　楽しいコラボで仲間を増やす

8章 継続は力なり

おわりに

1章　はじめの一歩のための基礎知識

1　まずは動く、動きながら情報収集して販売チャンネルを模索する

どんなに小さいビジネスでも、しっかりとしたブランドを確立して、それが周りの人に支持され続けなければビジネスを成功させることはできません。

顧客に支持されるためには、直ぐに動く

交通網とショッピングモールの開発が進み、毎日の通勤や通学の途中にあらゆる店舗が並んでいます。一方、ｗｅｂ（ウェブ）サイトと物流網の発達で通販サービスを利用すれば直ぐに簡単に欲しい物が消費者の手に届く環境が整備されています。

このような環境の元では、ほとんどの物やサービスの代替品が星の数ほど存在しています。顧客は一旦あなたから物やサービスを購入したとしても、いつでも他社からの購入に切り替えることが可能です。

したがって、ビジネスを成功させようと思ったら、しっかりとしたブランドを確立して、あなたの商品やサービスが顧客から支持され続けることが必要になります。

しかし、しっかりとしたブランドが確立するまで実際に物やサービスの販売活動をしないというのでは、いつまでたってもスタートすることはできません。ブランドは長い時間をかけて顧客の頭

の中に根づいていく性質のものです。

販売者自身も実際に動いてみて、初めて自社商品のブランド価値や顧客にアピールすべきポイントをはっきりと認識することができます。じっと考えるのではなく、さっさと動き始めることが肝心です。動かなければ何も始まりません。動きながら常にアンテナを張って考える習慣が大切です。

そして、たまにゆっくり時間をとって高い視点からものを考えたり、仲間と意見交換したりする習慣をつけると、とても上手くいくと思います。

動き始めるといろいろなものが見えてくる

動きながら考えると、頭がフル回転して、じっと考えていたのでは出てこない考えが飛び出します。周りの人からの刺激や情報がうまく作用する効果も期待できます。

「迷ったら、まずは自分から動いてみる。わからないことにぶつかったら、自分で調べると同時に周りの経験者から情報収集する」という姿勢は非常に重要です。

一人では無理だと思ったらすぐに協力者を探すためのアクションをとりましょう。自分一人の経営資源は限られています。逆にあなたが持つ経営資源に魅力を感じている人も沢山いるはずです。

動けば何かが得られます。動き始めることで、はじめて出会うことができる同業者からの口コミ情報も非常に重要です。

自分の信念だけは曲げない

ブランドはデリケートなので構築するにあたっては注意が必要です（4章参照）。まず動いてみるという考えと矛盾しているようですが、そんなことはありません。譲れないポリシーだけ、しっかりと意識していれば問題はありません。枝葉の部分にまでこだわって、すべてをきちんと計画してから先に進もうと考えたら、いつまでたってもスタートが切れません。

一つだけ肝に銘じておかなければならないことは、「目先の利益を獲得するために信念を曲げることは絶対にしてはいけない」ということです。万一、自分の倫理観に反する言動をとってしまうと、長い目で見ると大きな損失に繋がります。

「これは自分の信念を曲げる行為なので気が進まない」と思ったら、目先の利益を犠牲にしても止めておかなければ後悔することになります。

2　販売を通じて自分が成長する

試しにやってみるだけで、沢山の「はじめて」が体験できます。

販売を経験すれば、嫌でもあなたは成長する

あなたは実際に物を販売した経験がありますか？　フリーマーケットやネット通販サイトを利用して販売の経験がある人は最近では珍しくないので、この質問には「ＹＥＳ」の方もいるかもしれません。

もし物を売るという行為を全く経験したことがないようでしたら、どんな方法でもよいので一度体験をしてみることをおすすめします。

物を売るためにはいろんな工夫が必要です。普段は考えないことを考えないといけません。フリーマーケットで物を売ろうと思ったら、商品の並べ方、ＰＯＰ（紙に商品名・価格・イラスト・キャッチコピー等を書いた広告媒体）の制作（見せ方）、チラシの準備、ＰＯＰやチラシでアピールすべき点の明瞭化・・・等、あらゆることを考えて工夫を凝らす必要があります。

売り場に立つ自分の服装もどんなものが適しているか考えますし、体調を万全にして、接客の方法も考えないといけません。いろんな工夫が新しい発想を生み新たなビジネスのヒントに繋がりま

す。是非一度試してください。

ネット通販で商品を販売するというのもおすすめです。最近は無料で開設できる通販サイトがあります。写真の撮り方・見せ方・商品の説明の仕方等、やってみてはじめて気づくことが沢山あります。

経験者を頼る

フリーマーケットでの出展も通販サイトの開設も、全くはじめての方は熟練者の店舗の軒先を借りてやらせてもらう方法があります。軒先を借りる料金をきちんと取り決めておけば、お互いにwin-winの関係をつくれます。

フリーマーケットでは出店の区画ごとに料金を支払うのが一般的なので、軒先代金を負担して商品を置かせてもらえば相手も喜んでくれるかもしれません。

また、誰かの通販サイトに商品を掲載させていただき、売れたら販売手数料を支払うという約束(契約)を交わすこともできます。

試しに、フリーマーケットやネット通販サイトで中古品を売るにしても、沢山の知識が必要になります。1人では困難なので周りの人の協力を仰ぐ必要が生じます。協力者と目標を達成しようと思えば、コミュニケーション能力を磨かなければいけません。

現在、物を販売するインフラは非常に整っており、「物を売る」という活動は簡単に始められます。

しかし、これを楽しく続けていくには、知恵を絞って体を動かし、仲間を募って情報収集しなければいけません。年齢に関係なく、新しいことを学び、仲間と協力し合わなければ、どんな小さいビジネスも成功はしません。

慣れたらどんどんステップアップする

本格的なビジネスとして販売を始めるという場合は、

①あなたのほうからアプローチをかけて

②はじめは興味を示していなかった人の興味を喚起して

③あなたの提供する物（サービス）を

④あなたから購入したいという気持ちになっていただき、販売する。

という手段が取れるようにならなければなりません。これにはかなりの能力が求められます。

あなたが、自分で開発した物やサービスを販売したいと思ったら、いろんな形のアピールをすることを躊躇するべきではありません。物（サービス）の長所をしっかり語って周りの人に知ってもらうのが第1歩だからです。

「そんな恥ずかしいことはできない」と感じるとしたら要注意です。それは提供する物(サービス)の自信のなさから来ている可能性があるからです。今一度自分に問いかけてみてください。

自信のなさが原因なら、周りにアプローチする前に、販売する物（サービス）の品質を高める努力をする必要があるかもしれません。

アピールといっても、人前で大声を出して大勢の人に呼び掛けたり、パーフォーマンスをしたりしろと言っているわけではありません。

主張の方法は多種多様です。ＳＮＳ（人と人とのつながりを促進するコミュニティー型の会員制サービス。ＦａｃｅｂｏｏｋやＬＩＮＥはＳＮＳの一種）を使った情報発信も含まれますし、ＰＯＰをつくって置いたり、ポスターを貼ったりするのもアピールの一つです。ラジオやテレビでＣＭを流すのも、電車のつり広告や車内アナウンスを使った宣伝もアピールの手段です。

無料で実施できるものからお金の掛かるものまで、簡単にできるものから労力や技術を必要とするものまで、実に多様な方法があります。費用対効果を考えた上で、自分の得手不得手も考慮してベストな方法を選択できます。

実際、自分自身で物を販売するステージに立つと、頭をフル回転させて、あらゆることを考えなければなりません。販売するというステージに立つ前には思ってもみなかった発見や考えが頭に浮かびます。細かい脇までしっかりと固めないといけないことに気づきます。これは、自分自身を成長させるために、とても貴重な体験です。

☆*…*☆ episode ☆*…*☆ ☆*…*☆ episode ☆*…*☆ episode ☆*…*☆

Mちゃんの成功例（エピソード１）

販売とは何か？　と問われれば、こと(体験)を売ることであると私は思います。こと(体験）を売る＝「生活のワンシーンをお客様が〝体験したい〟という気持ちになる」ためには、はじめのきっかけである「注目」をどのように引くかがカギとなります。

百貨店の美術工芸品売り場を5年間担当しましたが、この「注目」を引くための手法として効果を実感できた経験をご紹介します。

美術工芸品売り場では、茶道具や華道具、掛け軸、色紙、お香・香炉などを扱っており、価格帯は幅広く、単価が数百円のお香から、数千円〜数万円の色紙、書道家の書いた数十万円の掛け軸までありました。

当初、茶道具は茶道具だけの棚、華道具は華道具だけの棚、掛け軸は売り場の決まった壁に、香炉・お香は決まった棚にそれぞれ整然と並べていました。

これは、もともと茶道・華道・香道になじみのある人なら立ち寄って楽しい場所ですが、これまでまったくその世界に関わりのない人からすれば、素通りしてしまう売り場であると考えました。

『なるべく多くの人に立ち止まって目をとめていただくにはどうするか？』

そこで考えたのが、生活に馴染みのある、「住まいの一角」を連想させる「床の間」と

☆*…*☆ episode ☆*…*☆ ☆*…*☆ episode ☆*…*☆ episode ☆*…*☆

いう空間をつくることでした。

対面販売においては、まずお客様に「注目」していただき、そこからお声がけして接客のきっかけをつかんでいきます。言い換えれば、「注目」していただかないことにはお声がけするきっかけすら生まれません。

「床の間」は、ドラマや演劇の舞台の大道具のように、それらしくリアルに見せることにこだわりました。陳列台をつくるための資材は、他の売り場の方にも協力いただき、畳1畳くらいの台と、その上にかけるゴザを調達し、台の上にゴザをかけることによって「床の間」が出来上がりました。

次に土台の上に香炉、茶釜、茶碗を配置し、背面の壁には掛け軸をかけ、誰かの家に立ち寄ったときの「床の間」を思わせる一角ができ上がりました。

「床の間」の効果はすぐに手ごたえがありました。

まず立ち止まって、そばに寄って眺める方が現れました。

そして床の間に足を止めてご覧になるお客様に、お声がけをするチャンスが生まれました。

例えばなこんな風に…。

販売員「お香は焚かれますか？」

..*☆ episode ☆*...*☆ ☆*...*☆ episode ☆*...*☆ episode ☆*...*☆

お客様「いや、焚いたことはないんだけど、この香炉、時代劇みたいだね」
販売員「そうですね。重厚感がありますよね。こちらの香炉は刻み香などを焚くのに使うのですが、飾っておいてもお部屋に落ち着きが出ますよ」
お客様「ほぉ、床の間は正月に家内が南天なんかを飾ったりするけど、こういうのも飾っておくとよいね」

というような、気負いのない会話でスタートをきれるわけです。

そして各々の棚に鎮座していた香炉やお香が以前よりも売れるようになりました。

これは、モノを使うシーンを連想しやすく演出することで、「自分の生活にもこういうものがあったら素敵だな」と感じていただくことができ、それによってお買い上げにつながったのです。

百貨店のお客様は家族連れが多く、女性のお客様は婦人服や雑貨売り場などを回られるのですが、男性のお客様は奥様の買い物が終わるのを手持ち無沙汰に待っていることが多いのです。

こういった男性のお客様のほとんどは、店内に本屋さんがあればそこで立ち読みするか、休憩コーナーのイスで時間つぶしすることになります。「床の間」は、こういった男性のお客様にとって、一つの居場所になったのではないかと思います。

☆*...*☆ episode ☆*...*☆ ☆*...*☆ episode ☆*...*☆ episode ☆*...*☆

3　中高年がはじめて販売する醍醐味

中高年者だからこそ、始めるのは簡単で続けるのが困難な販売にチャレンジしよう！

視点が多角化して、世界が広がる

私たちはきらきらｓｃｈｏｏｌで物販を始めてから、自分たちの目線が多角的になったことを実感しています。電車に乗ると周りの乗客の持ち物、会話、表情…、あらゆるものから新しい情報を得ようとアンテナを立てるようになりました。そして、日々の生活には常に新たな発見があり学びがあることに気づきました。

ビジネスを成功させたい（物やサービスを売りたい）と思ったら、あらゆる可能性を追求したくなります。あらゆる人の意見が有用ですので、年齢や性別の異なる人やバックグランドの違う人からの意見にも耳を傾けるようになります。

若い人が知っている情報を教えてもらう必要があるので、上から目線でものを言ってばかりもいられません。謙虚な姿勢で臨まなければいけない場面にも遭遇します。自分の世界を広げる素晴らしいきっかけとなると信じています。

重い責任を果たした大人のチャレンジにこそ意義がある

きらきらｓｃｈｏｏｌのメンバーは、責任を一つひとつ果たし、厳しい局面でも力を尽くして乗り越えてきた人たちです。多くのメンバーは子供たちを育て上げ、必要な教育を受けさせ、立派な大人になるまで責任を持って親としての役割を全うされています。老後の経済的な準備もぬかりないと思います。

組織や家庭で責任ある仕事をしたり、自分のビジネスを成功させたりといった、立派な経歴をお持ちの方は、いろんな可能性をお持ちです。しかし、私たちが一番注意をしなければいけないのは、完全な守りの姿勢に入ることです。

人は持っているものを失うことに苦痛を感じます。だからといって、今、持っているものを何一つ失わないように生きていくことは不可能です。一番わかりやすい例が若さです。若さは毎日確実に失われていきます。

中高年になったら、リスクを嫌って何にもチャレンジしない姿勢に陥ることがないように注意が必要だと思います。失うことを恐れてチャレンジしなければ、新しく何かを得るチャンスを次々に放棄することに繋がります。

持っているものを失わないようにいくら頑張っても、今あるものは少しずつ失われていきます。するとと、常に枯渇する恐怖と闘いながら、生きていかなければならなくなります。失う恐怖から解放されるには、今持っているものに執着するのをやめて、新しいものを手に入れるしかありません。

人には天から与えられた使命があり、その使命を模索し続けるのが人生だと思います。「自分はこれだけ貯金があるからもういい。自分は責任を全うしたからもういい」誰にでも「もう、頑張らなくてもいい」と思いたい、プレッシャーから解放されたい瞬間はあります。でも、私たちが生きている限り、もうこれでいいという場所に到達するはずがありません。

人は年齢を重ねると、知識・人脈・経験がそれだけ蓄積されているわけですから、それを使って何かをしなくていいわけがありません。

ある程度の年齢に達して、家族のためにいろんなことを諦めたり我慢したりしなければいけない事情が減ってきたなら、自分の自由意思で蓄積された能力を発揮する方法をいろいろと試してみては如何でしょうか。

☆*…*☆ episode ☆*…*☆ episode ☆*…*☆ episode ☆*…*☆

とっても残念なお蕎麦屋さんの話（エピソード2）

私がまだ20代でメーカー勤務の頃、仕事場のそばに開業したお蕎麦屋さんに入ったときの経験です。大企業定年退職者の起業が一番陥りやすい失敗例を目の当たりにしました。現在も記憶にしっかり残っています。

その日は忙しくて、お昼時をかなり過ぎた時間までランチにありつけず、空腹でお蕎麦屋さんに飛び込みました。

…*☆　episode　☆*…*☆　☆*…*☆　episode　☆*…*☆　episode　☆*…*☆

時間がずれていたので、店内に他のお客さんはいませんでした。新規開店のお蕎麦屋さんだったので、店内はピカピカ。なかなか風情のある内装で、いい雰囲気を醸し出していました。

値段は少し高めだったように記憶しています。でも、雰囲気のよい空間でしたので、「味のよいお蕎麦をゆっくり食べられるのなら、少々の割高感は問題ないかな」と思って席に着きました。

ざる蕎麦を注文して座っていると、お茶を持って来てくれた奥様らしい中年女性が、ニコニコしながら話かけてきました。

「この店は今月初めに新しく開店したの。実は、うちの主人は証券会社で長年要職を務めて定年退職したのよ。でも、趣味でお蕎麦を打ちたいっていうものだから、お店を出したのよ」

「え？　趣味？　美味しいお蕎麦なら別に趣味でもなんでも構わないけど・・・」と思いながお茶を飲んで黙っていました。

すると更に、「退職前の職場では、主人にはあなたのような部下がたくさんいたのよ」と奥さん。

「え！　それって、うちのお蕎麦をあなたに食べさせるのは勿体ないのだから、ありがたがって食べなさい、という意味を込めているの？」

…*☆　episode　☆*…*☆　☆*…*☆　episode　☆*…*☆　episode　☆*…*☆

すごく居心地が悪くなった記憶が残っています。お蕎麦は、そこそこ美味しかったような気もしますが、ほとんど記憶に残っていません。

その店からは足が遠のき暫く忘れていましたが、数か月後に通ったときには、お店はなくなっていました。

ビジネスは、自分が楽しくないと続けていけませんが、相手も楽しくないと成り立ちません。

お金の掛かった趣味の良い内装と、美味しかったような気のするお蕎麦。目の当たりに見た残念な事例です。

4　プロのコンサルタントの提言

> 売る立場からすると、熱心に売りに走らないと、売れないと考えるのは当然です。しかし、現実は、そのような販売員・営業担当者ほど、業績が上がらず頭を抱えていることが多いのです。

物やサービスは売るものではない

売れない原因は何なのか？　そして、その原因を克服して業績を向上するには、何が必要なのかを考えてみます。

まず、販売員・営業マンが陥りやすい落とし穴の例を3つ紹介します。

落とし穴①・知識を相手に教えて、説き伏せようとする

熱心だからこそ、商品・サービスの特長を一生懸命勉強します。そして、勉強した商品・サービスの知識をお客様に教えることで、お客様の心を動かそうとするのです。

しかし、商品・サービスの良さを熱心に訴えることで、わからそうとするので、お客様の状況とは関係なく、一方的に訴える押し付けの接客に陥ってしまいます。

押し付けられたお客様は、「商品・サービスの良さはわかったが、お前の世話にはならない」と心の中で感じ、二度とその担当者に関わろうとしないでしょう。

落とし穴②・相手と仲良くなることで、買ってもらおうとする

お客様に気に入られないと買ってもらえないと考える販売員・営業マンは、用件をなかなか切り

出せずに、当たり障りのない雑談に終始する傾向があります。

誰しも、相手に嫌われたくないと考えるのは当然のことですが、嫌われないために肝心の用件を言えないのでは困ります。

結局、お客様は一体何の用事なのかがわからずに、不信感を持ってしまうことさえあるのです。

落とし穴③・自分の聞きたいことだけ聞いて、独りよがりの提案をする

お客様の話を聞くことで、良き理解者になろうとする姿勢を見せれば、お客様が気に入ってくれるだろうと質問はするのですが、自分の聞きたいことだけを聞いてそのことだけを元に自分のすすめたいものを提案する人もいます。

この場合、相手のことを考えているというのではなく、自分の業績を上げるためにポーズを取っている自分本位の動きになってしまいます。

お客様は、そのような担当者に対して、所詮売るためだけに聞いていると捉え、気が許せず警戒しないといけない相手と烙印を押してしまうのです。

業績の良い販売員・営業マンの特長

私たちが学ぶべき販売員・営業マンには2つの特長があります。

特長①・お客様の話（思い、考え、状況等）を、真剣に聴こうとする

まず、業績を上げ続けている販売員・営業マンは、お客様のことを知ろうとしています。なぜなら、お客様の思い・考え・状況をしっかり確認することで、その解決策を提案しようとするからです。

お客様は、自分のことを真剣に理解しようとする販売員・営業マンに対して、「この人は自分にとってメリットのある人」と感じ、この人なら相談してみようと心を開いて本音で話すのです。

特長②・物やサービスが、お客様にとってどのようなメリットを提供できるかに注目する

業績を上げ続けている担当者は、物やサービスを勉強するときに、その特徴がどのようなお客様にどのようなメリットを提供できるのかに着目して、お客様が喜んでいる姿を鮮明にイメージしています。

お客様へのメリット提供を常に考えている担当者は、接客時においても、お客様の状況に対してどのように自社の物やサービスが、お客様のメリットとして役に立つのかを頭に描きながら、質問を中心とした折衝をするのです。

お客様は、担当者が自分の役に立つ提案をするために必要な情報を得ることを目的として質問していることを察知して、担当者に対する信頼感を増しながら、積極的に本音でうちあけ話をするのです。

営業スキルだけを磨いても業績を上げ続けることはできない

業績が上がらない担当者は、スキルの向上の必要に目が向きがちですが、スキルを磨く努力をしても低迷し続けることが多いのです。

スキル×・嘘のあるスキルは、信頼を失いお客様との関係が長続きしない

商談スキルには、小手先のテクニックレベルもあれば、お客様心理を前提とした必然の流れを商談プロセスとしてまとめたものなど、様々なものがあります。

小手先のテクニックの本質は、例えば、在庫がたくさんあるのに、「なくなる」といった嘘の言葉で、お客様をその気にさせようとする、ごまかしの折衝です。

小手先のテクニックは、一時的にお客様をごまかせても、一事が万事であらゆる場面でお客様に嘘をつくことを習慣にしてしまいます。いずれ、お客様はその嘘に気づき、担当者から遠ざかっていくのです。

スキル○・信頼を得るスキルは、担当者の姿勢（考え方）次第

お客様心理という理論的背景を前提とした「商談プロセス」は、最初の出会いからお客様が採用を決定するまでの心理の変化であり、納得へのプロセスです。

したがって、そこには嘘はなく、お客様のニーズをしっかり確認・深掘りし、その解決策を提案することで、お客様の決心まで進めるプロセスを意味します。

スキルを活かすには、スキルそのものが嘘のないもので、その背景には、お客様のニーズに対してお役に立つといった正しい考え方が必要なのです。

心の姿勢が伴ってこそ、スキルが活きる

お客様が、その気のない状況からその気になるのは、信頼が積み重なって、心理に変化が生じるからです。

そこで、その心理の流れと担当者としての姿勢（考え方）を整理してみます。

☆折衝のながれ

アプローチ　　お客様が担当者に対して「気持ちを開く」

リサーチ　　お客様のニーズを聴き出す

プレゼンテーション　　お客様のニーズの解決策を提案する

クロージング　　お客様の決心を後押しする

☆必要な考え方

自ら心を開いてこそ、お客様も心が開く。

本音は、お客様の言葉の奥にある（何故の思いで、質問をする）。

提案は、お客様のニーズを解決すること。

お客様の決心は、担当者がさせてあげるもの。

すべての背景に必要なのは、「お客様のお役に立つことが販売員・営業担当の仕事」という考え方です。

売ろうとするのではなく、お客様の立場に立つこと（まとめ）

「お客様は、担当者の人格を見ています」

営業は売ろうとすると、自分本位になるものです。自分の業績を上げ続けたいのは、担当者の共通の願いですが、売ろうとすると相手の立場に立てないことが多くなるのです。お客様は、そのような相手を信頼しません。

相手の立場に立っている担当者は、お客様が何を欲しておられるかを確認して、そのニーズを満たすための提案をすることでお客様にメリットを提供しようとします。なぜなら、お客様はそのような担当者だけを信頼し、購入・採用しようとするからです。

お客様は、販売員・営業担当者が相手の立場に立てるような人かどうかといった、担当者の人格を見ているのです。

2章　真似して踏み出すはじめの一歩

1　動き始めの提案、リストを活用して効率的に動く

自分の動きの効果性と効率性を高めるためにリストの活用がおすすめです。

できることをリストに書き出す

まずは動きましょうといいましたが、闇雲に動くわけにもいきません。何から始めてよいかわからないときは、人脈&機会をリストアップしてみましょう。

まず、連絡を入れたら会って話を聞いてくれそうな人を書き出します。交友関係の広い知人、昔の友達…、頭に浮かんだ人たちをノートに書き出してみます。

そして、ビジネスを始めて忙しくなる前にすぐに会いに行ってみましょう。あなたのアイデアを話し、協力をお願いするのです。

アイデアを簡単な図にしてわかりやすくまとめておいたり、あらかじめ簡単な事業計画をつくっておいたりして、下準備をして臨むと相手に伝わりやすくなります。

次にターゲット顧客や同業者等が集まりそうで参加可能な交流会・勉強会を見つけて書き出します。そして、特に興味のある会合には顔を出してみましょう。

会合に出席しているうちに新しい絆に繋がっていきます。ここでも、頭に浮かんだ会合をノート

に書き留めておくと有用です。

直ぐには参加できなくても、時間があるときにゆっくり優先順位を考えながら参加してみるとよいでしょう。

面倒くさくても、必ず書く

リストアップして、記録に残すことは重要です。調子よくいろいろな機会を得て動いているうちはよいのですが、暫く動いているうちに同じグループの人や会合ばかりに偏ってしまいます。

また、リストを見ながら、自分の動きが偏り過ぎて非効率になっていないか、考えてみるのが有効です。

リストと一緒に自分の行動・その時学んだこと・誰かのアドバイス等を記録に残しておくと、後でチェックして、自分の動き方が合理的であったかどうかを検証したり、困ったときに記録を見直して解決のヒントを得たりする事ができます。

こうして自分の行動と他人のアドバイスを見直して意識的に改善を繰り返すことは、あなたの行動パターンを合理化することに非常に役に立ちます（6章参照）。

波長の合う人との関係を大切にする

行動を起こすときのおすすめポイントは、波長が合う人と交流を深めること、自分と波長の合う人たちが集まる会合に出席することです。

過去のバックグラウンドが違っても、基軸となる物の考え方が共通している人とは、波長が合って、気持ちよくｗｉｎ‐ｗｉｎの関係を構築することができます。

考え方が違う人とのお付合いも大切ですが、それは後回しにしても問題ありません。何でもはじめはハードルが低いところから始めて、徐々にステップアップするほうが効率的です。

何より大切なのは、自分から直ぐに動くことですから、始めからハードルを高くする必要はありません。

ご縁は思いがけないところで生きてくる

簡単に商売に繋がらなかったとしても、良いご縁は貴重です。出会いを大切にしてください。

目先の利益につながらなくても義理を欠かないように、相手に不快な気持ちを持たせるような態度をとらないように注意したいものです。すべては、将来に影響します。

私も交流会に参加した折、自分のアイデアをアピールするのに必死で、自分の事業に関連のなさそうな方が名刺交換に来られた際に、実にそっけなく対応したことがあったようです。

後日、その方とたまたまご縁があり、お付き合いが深まった頃、

そのことを指摘されてビックリした経験があります。自分では意識していない無意識の態度を人はちゃんと見ているものです。

少しだけ気を付けていれば得られたはずの好印象を得ることができないというのは大きなロスです。私たちは気づかないうちにどれだけ沢山のロスを生んでいることか計り知れません。

経営資源の限られた小規模事業者は、時間もコストも機会もロスしていいものはありません。自分のせっかくの機会をロスしないように少しだけ注意をする習慣をつけてみると効果的です。

おすすめは、鏡を見て最高の笑顔をつくること。大きな口を開けてパクパクすること。舌を出したり引っ込めたりして、口の周りの筋肉をしっかりと動かしておくこと。

表情を豊かに。しっかり笑う。よい言葉を声に出して直ぐに口にする。

まず、行動を起こすといろいろなことは後づけで変わってきます。

はじめからすべて上手くはいかない

新しいことを始めるには、段階を踏む必要があります。自転車に乗れない人が自転車に乗ろうと思ったとき、いきなり高級ロードバイクを買って勢いよくペダルを踏んだらどうなるでしょうか。

はじめは、足が地面にすぐ着く自転車でしっかり練習する必要があります。バランスが上手く取れるようになるまで、何度も足を地面についてバランス感覚を身に付けなければ、自転車には乗れません。

ちょっと格好悪くても、自転車に乗れるようになるまでは仕方がありません。何度か転んで痛い思いをして、どのタイミングでどのように気を付けておけば転ぶ危険を回避できるのか、体で覚えることも大切です。そのうち、怪我をしないように転ぶ知恵もだんだん身につきます。

ビジネスを始めるのも一緒です。バランス感覚を身に付けなければいけません。市場の動向や、消費者のニーズの流れがわかる感覚が必要です。

いくら組織での経験があっても、新しいビジネスを始めれば新参者です。いきなりカッコイイ経営者になれるわけがないのです。それでも、チャレンジする姿勢はたくさんの人から評価されます。

あなたが培ってきた経営資源（人脈・知識・経験）が本物なら必ず花を咲かせることができます。

2　きらきらｓｃｈｏｏｌのはじめの一歩

はじめは、似たようなビジネスモデルを展開している成功例を真似すればよいでしょう。そのうち、オリジナリティーの出し方とそのポイントがわかってきます。きらきらｓｃｈｏｏｌ発足当初の事例を紹介します。是非参考になさってください。

協力者はどんどん増やす

私は「きらきらｓｃｈｏｏｌ」を実際に始めるに先立って、協力してくれそうで、かつ、いろいろな経営資源をお持ちの先輩方10名ほどに声をかけて集まっていただき、きらきらｓｃｈｏｏｌ発足説明会を開催しました。

その頃、「きらきらｓｃｈｏｏｌ」で何をやりたいのかについては、ある程度私の頭の中にイメージが確立していました。「子育てを終え、老後の準備も進んでいる、責任感の強い、賢明な50歳以上の人たちが、どんどん新しいことにチャレンジして、第2の人生を謳歌し、周りに良い影響を及ぼし続けることを相互に助け合って実現する」というのが、「きらきらｓｃｈｏｏｌ」の目的です。私自身も自分の可能性を仲間とともに模索したいと考えていました。

自分の可能性を広げるために新しいことにチャレンジし続けるためには、居心地の良い環境と仲間（協力者）が不可欠です。

また、リスクを軽減させる手法をしっかり確立することも必要だと思いました。そして、将来は仲間の中から成功者をどんどん輩出することによって、参加者全員が夢とプライドを持つことが「きらきらｓｃｈｏｏｌ」発展のキーポイントだと思いました。

私は、パワーポイントを準備して「きらきらｓｃｈｏｏｌ」の目的とその活動について集まってくださった10名の協力者予備軍に熱く語ったのですが、参加者の反応はあまりよいものではありませんでした。

「そんな夢みたいな話は無理じゃない」とか、「そんなにいろんなことはできないよ」とかいうネガティブ意見が2～3出ましたが、ポジティブな意見は全く出なかったと記憶しています。

今から思うと、私の頭の中で私が見ていたビジョン（映像）を参加者に伝えきることができなかったのが一番の問題だったのではないかと思います。

やってみたことには、必ず意義が生じる

それでも、「きらきらｓｃｈｏｏｌ発足説明会」は非常に有効であったと後で気づかされました。ネガティブ意見しか出なかった説明会に参加した協力者予備軍には、「誰かが助けないと、直ぐにとん挫するだろう」という印象が残ったようです。そして、一生懸命親身になって考えてくださり、数名の方が後日連絡をくださいました。

70代後半の大先輩（経営コンサルタント）は、暫くたってから、私が話したことを体系化した図表にして、『「きらきらｓｃｈｏｏｌ」の中で委員会活動を実施してみてはどうか」』という提案をしてくださいました。

この方は、大企業で勤務した後、家の事業を継いで大変な苦労をされ、現在はコンサルタントとして活躍されている方です。何でもよくご存じで、いつも的確なアドバイスをしてくださいます。

このご意見が、「きらきらｓｃｈｏｏｌ出版委員会」発足に繋がり、この2冊目の書籍出版が実現しました。「きらきらｓｃｈｏｏｌ出版委員会」では、これから毎年書籍を出版することを計画しています。

「ある程度の人数（それも錚々たるメンバー）を集めて説明会をするからには、覚悟だけはあるのだろう」と皆さんが思ってくださったようです。他の方も後で思いついたアイデアを、後日、電話やメールで連絡してくださいました。本当にありがたい経験です。

関係者をどんどん増やす

説明会の後は、「きらきらｓｃｈｏｏｌ」開校のキックオフパーティーを２０１６年7月9日（土）に80名ほどの関係者に参加していただき、大阪市中央公会堂で開催しました。この日が、現在の「きらきらｓｃｈｏｏｌ」の誕生日です。

基調講演あり、歌・演奏・踊りのパーフォーマンスありの盛大なパーティーで、パーフォーマンスも裏方も関係者の提案と協力で進行し大成功でした。

ケータリングも友人経営のバールから取り寄せました。正に、コラボレーション（共同作業）の集大成です。皆さんが自分たちの得意分野で協力してくださいました。

複数の人たちと協力してイベントをやり遂げるには、細かい調整が必要で大変な作業になります。しかし、やり遂げた後の気持ちの良さは最高です。高校生の頃、苦労して文化祭を成功させたときの達成感に似ています。大人になると、なかなか味わうことができない、「仲間と一緒にやり遂げた感」をしっかりと味わうことができました。

自分たちが取り組んでいるプロジェクトを、しっかりと関係者の脳裏に伝えるということは非常に重要だと、現在、再認識しています。

パーティー参加者からは、現在も有用な情報提供やご提案をいただいています。1年たった今も、有意義な形で「きらきらｓｃｈｏｏｌ」を続けていられるのは、パーティーに参加してくださった方たちをはじめとする周りの皆様の提案と協力が現在も続いているからです。

的をえた素晴らしいアイデアは人が教えてくれる

実は、1年前の発足説明会のときにパワーポイントを使って説明した活動内容と現在の活動は違っています。

当初は、委員会活動という形で新しい取り組み（プロジェクト）を始めるということは考えていませんでした。「仲間と書籍を出版したい。優秀なコンサルタントを育てたい」という夢はありましたが、「きらきらｓｃｈｏｏｌ」ブランドの婦人服をつくるとか、クラウドファンディングに挑戦するとかということは考えてもいませんでした（このチャレンジについては、後ほど）。

実際に始めてみることによって、新たな出会いがあり、発想の広がりが生まれて現在に至っています。

周りの人を巻き込んで、一緒に楽しみながら成果を上げていくために大切なことは、はじめの一歩を踏み出した後も、進むべき方向について常に悩み考え続けることと、自分の頭の中に描いているビジョンをきちんと周りに伝える努力を怠らないことだということがやっとわかってきました。

自分自身の潜在能力や自分の周りの人の潜在能力をすべて把握することなど、普通の人には到底できません。それでも、自分自身のビジョンを発信し続けていれば、それを応援したい人がタイミングを見計らって向こうからやって来てくれます。

3　きらきらｓｃｈｏｏｌ発足後のチャレンジ

きらきらｓｃｈｏｏｌが現在委員会活動としてやっていること、これからやってみようと計画していることを具体的にご紹介します。是非、皆さんのビジネスの参考にしてください。

スクーリング（勉強会）

きらきらｓｃｈｏｏｌは月に一回定例会を開催して、委員会活動報告と講義をセットにした勉強会をスクーリングという名称で開催しています。

現在は、毎回割安の公共会議室を借りて開催しています。会員はまだ20名強ですが、皆さん熱心でほとんどの方が定例会には休まず毎回参加してくださいます。

講義は、内部講師と外部講師が交互に登板します。奇数月は内部講師が講義を担当して、偶数月は外部講師に講義をお願いするというシステムです。

この勉強会の進め方も、他の勉強会主催者から教えてもらいました。成功事例はしっかり真似をしています。

参考にさせていただいた勉強会では、外部講師と内部講師で謝金の金額を変えていましたが、きらきらｓｃｈｏｏｌでは、内部講師にも外部講師にも同額の謝金をお支払いするシステムをとっています。

内部講師であっても、十分に準備をして話す内容をしっかりと練っていただき、参加者の役に立つ講義を提供していただくためです。内輪だからと言って十分な準備なしに臨んでもらっては、多忙にもかかわらず時間を割いて参加してくださる他の会員さんに迷惑が掛かります。きらきらｓｃｈｏｏｌの会員さんは多忙な方が多いのです。

現在は内部講師の方にも、外部講師に全く引けを取らない、内容の濃い講義をしていただいています。

きらきらｓｃｈｏｏｌの会員は自分の好きなテーマで委員会活動を立ち上げることが可能です。現在は「出版委員会」「アパレルブランド委員会」「50歳からの後継者育成コンサルティング委員会」が立ち上がり、活動を続けています。

委員会活動の中には、発足はしたものの休眠状態の活動もあります。委員会活動は会員さんの自由意思で運営されていますので、休眠しても全く問題はありません。再開も自由です。

書籍の出版

「出版委員会」では、書籍（1冊目）を２０１６年11月に出版しました。この書籍は、最低でも２００冊は直接販売（書店等を通さずに消費者に直接販売）したいと考えて、きらきらｓｃｈｏｏｌのメンバーといろいろな取り組みをしてきました（詳細は6章）。

そして2冊目がこの書籍です。関係者の意見を参考に、ニーズの高いテーマを取り上げて、毎年1冊の出版を続けていこうと計画しています。

婦人服ブランドの立ち上げ

続いて、「アパレルブランド委員会」が活動を開始しました。

２０１７年4月には、お仕事女子の楽ちん服を製作しました。これは、仕事で忙しい中堅お仕事女子向けに、自然素材&洗濯簡単、ノーアイロンの楽ちん仕事服をつくって提供したいという思いから活動が始まりました。

「お仕事を頑張っている女子の楽ちん服をつくりたい！　私も着たい！」という思いはずっとありました。

でも、どうやって始めればよいのかはわかりません。諦めていましたが、「きらきらｓｃｈｏｏｌを上手く利用すれば、ビジネスの形にできるかもしれない」と思い始めました。いろいろ話したり聞いてみたりしているうちに、小ロットで婦人服を製造してくれる縫製工場が見つかりました。

しかし今度は、どうやって販売すればいいのかがよくわかりません。

いろいろリサーチをしている折に、クラウドファンディング（ＦＡＡＶＯ大阪）の運営をされている会社社長のお話を伺う機会がありました。そして、婦人服ブランドの立ち上げにあたって、クラウドファンディングを利用することにしました。

＊＊＊　クラウドファンディングについて簡単に説明します。＊＊＊＊＊＊＊＊＊＊＊＊

（以下、「Ｑ&Ａ50歳からの「起業」教科書」〈きらきらｓｃｈｏｏｌ　１冊目の出版物〉より抜粋）

クラウドファンディングとは

クラウドファンディングとは、アイデアや目的を持つ起業家が、インターネットを通じて不特定多数の人から資金を集める仕組みです。

どのような仕組みがあるのか

クラウドファンディングは、一般的には次の3つの種類に分かれています。このうち日本で一番多いのは購入型のサービスです。

・購入型：プロジェクトの出資に対して、金銭以外の商品やサービスが手に入る
・寄付型：プロジェクトの出資は行うが、リターンは発生しない
・金融型：プロジェクトの出資に対して、金銭や株式が発行される

購入型サービスの大まかな流れ

（1）自分のアイデア・プロジェクト内容についてクラウドファンディング業者に申請する。
（2）業者の審査に通ったら、プロジェクトの内容がサイトで公開される。
（3）目標額が未達成でも獲得した資金を受け取る方式の場合、及び、目標額を達成した場合は、業者から獲得資金を受取る（業者の手数料が差し引かれます）。
（4）出資者に対して、プロジェクト公開時に約束していた商品やサービスの提供（リターンと呼ばれる、資金提供者へのお返し）を実施する。

どうやって活用するのか

多くのクラウドファンディングのサービスが提供されています。それぞれに特徴があるので、自分のアイデアや目的に合ったサービスを選ぶことがポイントです。

具体的には、利用するための手数料や、資金調達方法（目標金額を達成できなかったら全額返金する方式、目標額が未達成でも獲得した資金を受け取る方式など）、強い分野などがサービスによって異なりますので、選択時に確認が必要です。

＊＊＊＊＊＊＊＊＊＊＊＊＊＊＊＊＊＊＊＊＊＊＊＊＊＊＊＊＊＊＊

クラウドファンディング体験レポート

きらきらｓｃｈｏｏｌのクラウドファンディングのプロジェクトは、２０１７年2月～3月の2か月間に渡って支援を呼びかけました。購入型サービスで目標額は30万円。目標金額を達成できなかったら全額返金する方式（これは、ａｌｌ ｏｒ ｎｏｔｈｉｎｇと呼ばれます）です。つまり、2か月間で30万円以上の支援が集まらなければ、支援金は1円も入金されません。

①リターンには、左記のものを揃えました

・きらきらｓｃｈｏｏｌブランド　お仕事女子のブラウス　第1号
・きらきらｓｃｈｏｏｌブランド　お仕事女子のカットソー　第1号

・きらきらｓｃｈｏｏｌ会員権
・書籍『Q&A 50歳からの「起業」教科書』〈きらきらｓｃｈｏｏｌ１冊目の出版物〉
・きらきらｓｃｈｏｏｌスクーリングへの参加チケット
・お仕事女子のランチ会チケット
・書籍『よくわかる　障害年金』〈きらきらｓｃｈｏｏｌ会員著〉
・コワーキングスペースの利用券

②クラウドファンディングはｗｅｂページでのサイト公開後が大変でした

当初は、クラウドファンディング業者がメルマガを配信して支援を呼び掛けてくれるものだとばかり思っていましたが、それは甘い考えでした。

業者がメルマガで紹介してくれるのは、全国に沢山あるプロジェクトのうち、クラウドファンディング業者が特別に優良と判断したプロジェクトのみの特典でした。

結局、自分たちでクラウドファンディングページのＵＲＬをメルマガやＳＮＳを使って配信したりして、ページを見てもらえるように工夫をする他、支援を呼びかける手段はありませんでした。

それでも、きらきらｓｃｈｏｏｌには仲間がいますので、Ｆａｃｅｂｏｏｋ等のＳＮＳを通じての情報配信を協力していただき、沢山の方の手を借りて広告宣伝を続けました。

③ポイントは情報発信力。勉強会の開催が有効でした

その後、クラウドファンディング業者（ＦＡＡＶＯ大阪）とのコラボ企画として、２０１７年３月３日にクラウドファンディング勉強会を開催しました。

これは、きらきらｓｃｈｏｏｌの主要メンバーが仕事場として借りていたコワーキングオフィス事務局と私たちが利用したクラウドファンディング業者（ＦＡＡＶＯ大阪）がコラボ企画を考えていたタイミングが、私たちのクラウドファンディングのタイミングとぴったり合ったので実現しました。

この勉強会がなければ、私たちのプロジェクトは成功することが難しかったと思います。

④最後まで大変でした

３月初めのクラウドファンディング勉強会で、支援金額をある程度獲得することができました。しかし、その後は伸び悩み、３月の最終週になっても、ぎりぎりのところで目標額の30万円には到達しません。

諦めかけた頃、きらきらｓｃｈｏｏｌの会員からメッセンジャーで連絡が入りました。

「Ｆａｃｅｂｏｏｋのライブ配信をやってみませんか？　Ｆａｃｅｂｏｏｋのライブ配信は、Ｆａｃｅｂｏｏｋの友達になっている人のタイムラインに上がる確率がＦａｃｅｂｏｏｋの普通の投稿より格段に高いらしいですよ。是非、一緒にライブ配信やってみましょう。最後まで頑張ろ

ろう！」

それから、最終週は毎晩19時スタートでＦａｃｅｂｏｏｋのライブ配信をやりました。はじめはメンバー全員がライブ配信未経験者だったので、都合のつくメンバーで集まってライブ配信を試しました。

しかし、2〜3回やると、すぐにそれぞれがコツを覚えたので、毎日同じ時間に別々に実施するほうが効率的だという結論に達し、可能なメンバーがそれぞれ個別にライブ配信を実施しました。

涙ぐましい努力の甲斐あって、クラウドファンディングは何とか30万円の目標額を達成しました。なんと、達成したのは、最終日の午後。本当に滑り込みセーフの状態でした。

ところが、プロジェクトが終了して支援者リストをクラウドファンディング業者から入手してビックリ！　クラウドファンディングの支援者はもともとの友人知人ばかりでした（支援者のリストはプロジェクトが成功しないと手に入らないシステムでした）。

つまり、クラウドファンディングをツールとして、きらきらｓｃｈｏｏｌブランド婦人服の新しいファンを生み出すことは、できなかったということです。世の中そんなに甘くはありませんでした。

それでも2か月間、沢山の人に告知を続けたおかげで、きらきらｓｃｈｏｏｌの取り組みを、外に向けて宣伝することができたことは、とても有意義だったと思います。

アパレルブランド委員会の課題

これから、「アパレルブランド委員会」で製作した婦人服はネット通販での販売がメインになると考えているのですが、まだまだ暗中模索を続けている段階です。

請負販売先をいくつか開拓したのですが、『きらきらｓｃｈｏｏｌ』というブランド名がよくないというご意見をいただいています。しかし、商品を手に取ったエンドユーザーの反応は悪くないということも教えてもらいました。

「きらきらｓｃｈｏｏｌブランドが浸透して売れ始めるまでには、もうひと踏ん張り」と、信じて取り組んでいます。将来「『きらきらｓｃｈｏｏｌ』ブランドだからこそ、この商品が欲しい」という意見を聞けるようになるまで頑張るつもりです。

日本人はダメ出しが上手です。

プロジェクトが上手くいっていないうちは、ネガティブなご意見を沢山頂戴します（つまり、現在は厳しい意見を沢山頂戴しております）。

でも、そんなことはあまり気になりません。今は成功する方法を模索すること以外に時間や労力を割いている暇はないのです（エピソード7参照）。

アパレルブランド委員会の現状

アパレルブランド委員会のこれからの課題は山ほどあります。

アパレルの素人集団が、やってみたいというだけで始めたプロジェクトですから、前途多難なのは当たり前です。

でも、素人集団だからこそ、既成概念に縛られることなく自由な発想で可能性を追求できると考えています。

きらきらｓｃｈｏｏｌには、多才な経歴の協力者がいます。アパレルブランド委員会のアドバイザーをしてくださっているＭさんは、有名な子供服ブランドの立ち上げの責任者として大きな成果を上げた後、会社をスピンアウトして起業し、自社の新ブランドを立ち上げ、再び大きな成果を残した経歴をお持ちです。

Ｍさん曰く、「アパレルでは、消費者が求める1歩先のデザインを提案することで、市場にブームをつくり出し、大きな実績を生むことができます。しかし、好成績がしばらく続くと、組織は大きくなった売上高をキープするために守りの姿勢に入ります。これが消費者の期待を裏切ることに繋がり、売上は減少し始めます。消費者は、いつも期待の一歩先の新しい提案を求めているのです」。

きらきらｓｃｈｏｏｌの発信する新しい提案が沢山の人に受け入れられるかどうかは、これからの私たち次第です。素人だからこそできる、消費者の視点からの斬新な製品開発を実現します。

現在は仲間と共に楽しい夢を膨らませています。

アパレルブランド委員会の今後のアクションプラン

新製品の開発と同時に、販売チャンネルの充実と広報活動のために、私たちが計画しているアクションプランは左記のとおりです。

アクションプラン1・請負販売先を増やす

請負販売先の開拓は重要です。売上を伸ばすという目的のためだけでなく、商品を手に取ったお客様の生の声を教えてもらえるところに大きな意義があります。

きらきらｓｃｈｏｏｌは自ら店舗をもって製品を販売してはいません。ネット通販と委託販売の２本立てで販売活動を進めています。

ネット通販では、消費者の声をダイレクトに聞く機会はありませんから、請負販売先からの情報はマーケティングを実施する上で大変貴重です。

請負販売先は現在４店舗ほどあります。その方たちからは、販売数量が少ないのは、ブランドの知名度のなさが主な原因だと言われています。

商品を送り付けて、販売の委託をしただけでは、請負販売先からの情報は入ってきません。成功の秘訣は、受託先との良好なコミュニケーションを通じて、相互に友好的な協力体制を築くことです。そして、請負販売先の方に「きらきらｓｃｈｏｏｌブランドの商品を売りたい。そうすれば、顧客も自分もハッピーになれる」という気持ちになっていただくことがポイントだと思います。

製品に込めた製作者の気持ち、きらきらｓｃｈｏｏｌの目指すところをしっかりと伝え続けることが求められると考えています。

アクションプラン2・半年に1回の女子会開催

お仕事女子はお洒落です。でも、着心地の良い服を着ていないと仕事に支障をきたします。あまり奇抜なデザインもＮＧです。年齢を重ねると肌に優しい自然素材を着たくなります。

でも、洗濯の度にアイロンをかけないといけないというのは困ります。そんな我儘な中高年お仕事女子にピッタリの洋服を提供してくれるブランドはほとんどありません。

そこで、きらきらｓｃｈｏｏｌは、中高年お仕事女子のニーズにしっかりと向き合った製品の開発をすることにしました。

半年に一度の女子会で、新製品の要望をしっかりとお聞きして製品開発につなげようと考えております。

アクションプラン3・ギフトカタログをつくる

きらきらｓｃｈｏｏｌでは、アニバーサリーに送れるギフトカタログをつくる予定です。家族の誕生日にプレゼントを贈りたいけれど、本人が何を欲しがっているかよくわからないことは多いと思います。

私自身、家族からプレゼントをもらうとうれしいのですが、「同じお金を払うなら、こっちのほうが良かったんだけど…」と内心は思ってしまうことも少なからずあります。

「自分では買わないけどプレゼントされたらうれしいものってあるよね。僕はワイシャツ券をもらってお気に入りを仕立ててもらうのがプレゼントとしてはうれしいな。きらきらｓｃｈｏｏｌでも、もらってうれしいギフト券をつくってよ」関係者からの提案です。

「ごもっともです。頑張ります！」。

アクションプラン４・ECサイトの充実

興味のある人と有効なコラボレーションを確立し、どんどん世界を広げていく予定です。

一つの事業体で、「①ＳＥＯ対策を実施して、②製品ラインアップを見栄えがするだけ揃えて、③きれいな写真を準備して、④ＥＣサイトのレイアウトを工夫して、⑤ＥＣサイトの更新を定期的に実施して、⑥ｗｅｂページからのお問合せに回答して、⑦注文品の出荷の手配もする」というのは、１人の人間を専属としてはり付けたとしても困難です。

きらきらｓｃｈｏｏｌのメンバーは多才ではあるものの、ほとんどの方が本業を持っています。

メンバーがそれぞれの強みを出し合って、ｗｉｎ-ｗｉｎの関係を築くことのできるコラボレーション体制で運営を続ける予定です。

アクションプラン5・ファッションショーの開催

きらきらｓｃｈｏｏｌの多彩なメンバーの底力を出し合って、皆があっと驚くようなイベントを自分たちの手づくりでつくり上げるというのが計画です。

女性モデルにはきらきらｓｃｈｏｏｌブランドの洋服を着こなしていただきます。そして、男性には、ちょっと驚くオートクチュールのお洋服を準備させていただく計画を立てています。

きらきらｓｃｈｏｏｌのメンバーには、ウォーキングのインストラクターまでいます。男性はそうでもないけれど、女性がヒールを履いてモデル歩きをするのには筋力が必要で、しっかり訓練をしないと素敵なモデル歩きはできないそうです。

これから男女ともに、約1年をかけて歩き方を鍛える予定です。

アクションプラン6・クラウドファンディング第2弾

クラウドファンディングは、広告宣伝手段として有効なツールです。１回目の挑戦の反省を踏まえ、２０１９年に再度挑戦したいと考えています。

50歳からの後継者育成コンサルティング

きらきらｓｃｈｏｏｌのメンバーには、効果性の高い人事評価制度と教育プログラムの提案で実績を持つ専門家がいます。

そのメンバーを中心に、これから益々必要になる中小企業の事業承継に不可欠な「後継者育成プログラム」を提供する専門家集団をつくってコンサルティング活動を進める予定です。

申し分ない経験を持つプロ集団ですので、これからの展開が非常に楽しみです。

きらきらｓｃｈｏｏｌは、メンバー全員が副業として参加しているにもかかわらず、面白いプロジェクトをどんどん立ち上げて、1年間である程度の実績をつくり上げました。

成功の秘訣は、『やりたいことは取敢えずやってみる』というキャッチフレーズのもとに前進を続けたことにあると思います。

はじめは、お金を掛けすぎないようにだけ注意して、あまり深く考えずに邁進してきたのが正解だったのではないかと思います。恰好を気にしすぎることなく、「しょぼい！」と言われても気にせずに、節約しながらいろいろなことをどんどんやってきた成果が少しずつ実を結んでいる手応えがあります。

しかし、いつまでも「しょぼいこと」ばかりしているわけにもいきません。そろそろある程度のお金をかけ始める時期が到来したように感じています。

どこにお金を掛けるのか、掛けないのかの選択は非常に重要です。メリハリをつけて投資する必要があると考えています。

3章　やらずに後悔せず、やって反省する

1　時代の変化に、チャンスが生まれる

変化のときこそ積極的に情報収集して、チャンスを逃さないようにしましょう。

働き方改革とは

最近『働き方改革』という言葉をよく耳にします。個人やチームの労働生産性を上げることによって、労働者の労働時間の圧縮に繋げ、ライフワークバランスのとれた社会システムをつくろうという意味で使われているようです。

現在のように変化の激しい不確実性の高い経営環境の元では予期せぬリスクに対応できる能力がないと組織の存続が危うくなります。何が起こっても、その場で臨機応変に対応できる力が求められるわけです。組織では多様な人材を積極的に活用する（ダイバーシティーの）考え方を有効に取り入れる必要があります。

企業では原則として副業が容認される傾向にあります。組織に依存せずに、自分自身が発案者となってビジネスを始めることを促す社会になりつつあります。一方、指示待ち傾向にある人は非難される世の中になっています。

これからはニッチな市場を狙った小規模企業にビジネスチャンスが到来します。ネット環境とソ

フト（アプリ）が進化して、かつ、流通網の整備が進むと、消費者の細分化されたニーズや嗜好にあった製品やサービスがどんどん新しく開発されて利用者の手元に届くシステムが広がります。すると、ニッチな市場を戦略的に攻める小規模事業者が次々に現れます。

これはとても良いシステムのようですが、厳しい側面もあります。これからは自分に生じた不都合を、組織や周りの人のせいにできなくなります。選択の自由は広がりますが、自己責任の意識を持たなければいけません。

大きな改革は、その変化の途中で痛みを伴います。今までは組織の中で最後まで頑張り通すことが評価されてきました。子供の頃から受けてきた教育とは大きく異なる価値観が生まれています。環境の変化に対応できなければ、新しい時代をハッピーに過ごすことはできません。

組織にいながら可能性を追求することが可能な時代が到来

サラリーマンも組織の外でいろんなことにチャレンジできます。

現在、組織の中で頑張っている方も、長時間労働はなるべく避けて、異業種交流会などに出向いて自分の世界を広げる努力をされてはいかがでしょうか。誰でも参加可能な異業種交流会はいたるところで開催されています。

一つに参加してみると、ＳＮＳ等で次の案内も来ますし、参加者から他の交流会や勉強会の情報も得られます。はじめは気楽な、誰でもウェルカムな交流会に出かけて、楽しめばよいと思います。

一般に交流会のメンバーは新規参加者に非常に友好的です。

とは言うものの、誰でもウェルカムな交流会に数多く参加し続けるということはあまりおすすめできません。参入障壁の低い異業種交流会には、たまに参加して楽しむ程度でよいのではないかと思います。

軽い気持ちで来る人たちと、たまに情報のキャッチボールをするのは悪いことではありません。しかし、その先のステップに進むためには、ある程度の犠牲を払う必要があると思います。

少し慣れて自分の進みたい方向が見えてきたら、参入障壁の高い、ある程度参加者が限定された、共通の目的や興味を持つ参加者で構成される交流会や、値段の高い勉強会に参加するのがおすすめです。ハードルが高い会合であれば、参加する人たちの意識が高いことが多いからです。

組織にいながら、いろんな活動を通じて、最後には一緒に共通目標を掲げられるようなコアなグループが形成できれば最高です。コアなメンバーを中心に、嗜好の共通するグループを囲い込むことができれば事業を始める前から、ビジネス成功の基盤ができているようなものです。

episode ☆*...*☆ episode ☆*...*☆ episode ☆*...*☆ episode

ヨットの操縦とビジネス（エピソード3）

私は大学時代ヨット部に入り、それから現在に至るまで余暇を利用してヨットに乗っています。したがってビジネスの経験年数よりヨットの操縦年数のほうが長いといえます。

☆*…*☆ episode ☆*…*☆ ☆*…*☆ episode ☆*…*☆ episode ☆*…*☆

海外勤務も経験しましたが、そのときもチャンスがあればヨットに乗って、仲間と交流を深めました。

ヨットはフォローの風（追い風）を受けると何処へでも行くことができます。

しかし、アゲインストの風（向かい風）のときは目標に向かって真っすぐ進むことができず、ジグザグと90度ずつ方向を変えながら進まなければなりません。したがって、アゲインストの風のときはフォローの風の何倍も時間をかけて前進することになります。

このとき、乗組員が楽な動き方をしてしまうとヨットは風に流されて後退します。少しずつでも目的地に近づくためには、全員が力を合わせる必要があります。

アゲインストの風のときは、乗組員全員が集中しているので意外にトラブルは生じません。トラブルはフォローの風のときによく起こります。

ヨットの操縦で一番困るのは風が吹かないときです。風がなくなると、ヨットは動くことができなくなってしまいます。

ビジネスもヨットの操縦とよく似ています。アゲインストの風のときは皆で一致団結して前に進む方法を模索するチャンスです。アゲインストのクレームにもしっかり耳を傾けることが重要です。

誰にも何も言われなくなったら（風が吹かなくなったら）、ビジネスはおしまいです。

☆*…*☆ episode ☆*…*☆ ☆*…*☆ episode ☆*…*☆ episode ☆*…*☆

2　これからはすべてが自分次第

山あり谷ありの経験を経て、現在の事業を軌道に乗せるところまで来ましたが、いろいろな経験をしてきて本当に良かったと思います。どちらかというと苦しい体験や嫌な経験が現在の自分の肥やしになっています。

勘は経験しないと養えない

事業を始めてから、順風満帆でここまで来れたわけではありません。苦労をしてきたので、「自分はここまでの困難なら踏ん張りきれる」という、ある程度の自信がつきました。

野生動物の勘のようなものです。「もう駄目だ」という経験をしてきているので、「もう駄目だ」と思ったときに、「いや、待てよ。確かこの感覚は前にもあったぞ。そうそう。あのときもう駄目だと思ったけれど、結局何とか切り抜けられたよね。多分今回も同じような感じで何とかなるんじゃないかな…」という勘所が身についているわけです。

この勘を言葉で表現するのは難しいのですが、経営者にとっては非常に大切な感覚だと思います。

私はせっかく培ったこの感覚を将来も生かしていきたいと思います。だから挑戦を続けます。多分もっと高齢者になっても続けるのではないかと思います。

私の使命は、周りの人を安心して温かい気持ちにして、それぞれが自分の持ち味を出し合って、一緒にハッピーになることだと信じています。

バランス感覚も重要なポイント

守りと攻めのバランスは重要です。守ってばかりではだめ（1章の3）と書きましたが、守ることができないのは論外です。きちんと守るべきものを築き上げることは何よりも重要です。けれど、守るべきものをきちんと築いた後に、守るだけの姿勢になってしまうのは非常に危険なのです。失うことの恐怖と戦いながら、少しずつ失っていくだけの人生なんて、私は絶対に嫌です。

現在50代の私は、すべての経験を肥やしにしてどんどん面白いことに挑戦する予定です。

そんな今、諸先輩方からよく言われます。

「活動的な人は一般にアクが強い人が多いので、衝突もあるかも知れないけれど、それを避けていたのでは大きな発展は期待できないよ」

どこまで感性の違う人とも係わるのか、私にとってのこれからの課題です。

自分の世界をどこまで広げるかは自分次第です。必ずしも大きくすればいいというものでもないと思います。最終的に自分で責任を取れる範囲で、一緒に絵を描く仲間を自分の成長とともに積極的に選択していきたいと思います。

勉強するのに年齢は関係ない（エピソード4）

（このエピソードを書いたYさんは、現在プロの翻訳家です）

起業に限らずですが、何か新しいことを始めようと思ったら、いろいろと新しいことを学ぶ必要がありますよね。「新しいことを学ぶには圧倒的に若い方が有利！」だと思っていませんか？

私は「学ぶのに年は関係ない」と思っています。私の経験談をお話します。

20代の頃

新卒で就職した大手総合食品メーカーを退職し、英語を使う仕事を探していた私は、「英語ができる受付案内係募集、年齢25歳まで」という求人に応募し、面接に行きました。するとと、なんと応募者はほとんどが18〜22歳くらい。私はそのとき、ぎりぎりの25歳。「自分はなんて年をとってしまったんだろう！」と真剣に思いました。

その募集はやはり若い女性を求めていたようで、私はちょっと場違いでした。それでも、「25歳でも、何かできることはあるはず。それに自分の英語力をもっと上げたい」と思い、英語通訳学校の門をたたきます。「自分はもう歳をとってしまったので、世間からは無理と言われるかもしれない」と本気で思っていました。

でも、どうしても挑戦したかったのです。

すると予想に反して、自分の親くらいの年齢の人たちがものすごく勉強していらっしゃるのです。

50代以上と思われる人がすごく優秀な成績を取って、廊下に名前を貼り出されていました。学ぶのに年齢は関係ないと感じた衝撃的な最初の出来事でした。

40代の頃

20代の頃に行き始めた通訳学校は、その後の結婚出産で挫折してしまいました。でも、子育てが一段落した40歳頃に、もう一度英語学校をさがし、今度は茅ヶ崎方式英語教室に通い始めました。長いブランクがありましたので、通訳の勉強よりも、もっと基礎から徹底的にやりたいと思ったのです。

その茅ヶ崎方式英語教室で見た光景は、50歳以上と思われる人たちが、必死に勉強している姿でした。20代半ばですでに「年をとってしまった」と感じた過去の自分の思いは、全く間違っていたと再認識しました。40代に

なった自分は、「まだまだこれからいっぱい勉強できる！」と決意を新たにしました。

いくつになっても

私が、今やっている翻訳業の先輩には、60歳になってから勉強を始めたという方もいらっしゃいます。つまり、「年齢は関係ない。元気でやる気があれば、いくつでも勉強できる！」ということです。

20代の頃から、自分はそう思いたかったのに、周りに影響されて、なんとなく「勉強って若いうち(20代前半まで)なのか」という考えに流されそうになっていました。40代の頃、「もうそんな考えに流されない」と思いつつも、周りには、「40歳過ぎると、記憶力も体力も集中力もなくなるし、勉強なんて無理だよ」という声がありました。ほんの少し揺らぎそうになったこともあります。それでも自分はできると信じて勉強を続けました。

今私は、年だから無理ということはないと断言できます。40代、50代、60代、もっと上でも、人間はいくつになっても勉強する、学ぶ、自分を鍛えることは可能です。

（エピソード10　7章の4につづく）

3　ネットをうまく活用する

まず、自分で試してみる。次に、詳しい人に教えてもらう。新しいことを学ぶ基本はすべて同じです。

SNSを使って、世界を広げよう

ネットの世界はどんどん進化しています。SNSの発達によって、いろいろな人と繋がりを持つことは容易になりました。イベントの告知や参加者募集を実施するにあたって、SNSを用いると、簡単に広範囲の人に呼び掛けて集客することができます。

私はFacebookを利用しています。Instagram　ミクシー　ブログ　も、組み合わせて使うと相乗効果が期待できます。

得意な方は、組合せ方を工夫して有効に活用しています。でも、得意でない方は、はじめのとっかかりとしてFacebookの利用をおすすめします。

Facebookは、全世界の月間利用者数が20億人を突破したと発表しています。利用者は中高年が多く、若者は離れている傾向にあると言われています。しかし、それでも利用者数は他のSNSと比較してNo1。特に、SNSを使っている中高年に情報を広めるには大変有効な手段です。

利用の仕方は、自分のページを立ち上げて、発信したい情報を投稿します。自分の投稿を見ることができる人の範囲も広くしたり、狭くしたり、自分で設定が可能です。

ハードルが高ければ、誰かに教えてもらう

Ｆａｃｅｂｏｏｋを始めるにあたっては、普段からネット関連のことに慣れていないのであれば、誰か身近な人に教えてもらうのがおすすめです。ありがたいことに、Ｆａｃｅｂｏｏｋは中高年者に人気があるので、周りに詳しい人が沢山います。

自分のページをつくって少しだけ内容を把握したら、お手頃価格のＦａｃｅｂｏｏｋセミナーに参加してみるのもよいかもしれません。体系的に理解すると、便利な使い方がよくわかって、使っていて楽しくなると思います。

情報の発信、相互連絡、写真等の送付…。Ｆａｃｅｂｏｏｋの機能を使うと、いろんなことが手軽にできて、交友範囲が広がります。自分が希望する大きさまで少しずつ広げていくことができるので、無理なく楽しむことができます。

Ｆａｃｅｂｏｏｋにはブロック機能が付いているので、自分のＦａｃｅｂｏｏｋを見られたくない相手には、見えなくすることも可能です。ブロックしたことは、相手には表示されません。ＳＮＳは怖いという印象を持っている方も少なくないかもしれませんが、通常考えられる迷惑行為に対しては、対処の方法が準備されています。

これからは、スマホをはじめとする情報機器に少しだけ慣れておくのがおすすめ

実は、私もずっと以前は発達した情報機器には否定的な考え方を持っていました。自分の子供たちには、大学生になるまで携帯電話を持つことさえ許しませんでした。自分でリスクがある程度コントロールできる年齢になるまでは、携帯電話は持たせないというのがポリシーでした。

しかし、時代が変わり、認識を変える必要性を感じています。

高度に発達した情報機器を身の回りから遠ざけるということは、溺れるのを心配して水から遠ざけるのと同じだと考えるようになったからです。水に慣れて、泳ぎ方を覚えなければ、いつまでたっても金槌のままで、水を避けて生きていかなければいけなくなります。

それは、これから益々発達するネット環境の元で社会生活を続ける上では現実的ではありません。

いろんな情報機器に慣れて、ＳＮＳ等を使いこなせるようになっておくことは、逆に、自分の身を守る手段として使えます。自分自身が高齢者になったとき、情報機器を使いこなせないと得られる情報が少なくなり、交友関係が広がり難くなります。事故を未然に防ぐ情報を得ることができないことで、詐欺に騙されたりするリスクは逆に高まるのではないかと危惧します。

4　ネット通販について

ネット通販の基礎的事項を説明します。

ネットショップ開設のはじめの一歩

ある程度スマホに慣れたら、無料のサイトを使ってネット通販を始めることも可能です。今は、簡単に無料で始めることができる、ネット通販サイトがあります。「無料でネットショップを開きませんか？」という通販サイトの宣伝文句は珍しくありません。ＴＶコマーシャルをやっているサイトもあります。

試しにＰＣの検索画面で、「ネットショップ開設」というキーワードを入れて検索すると、たくさんのネット通販業者の宣伝サイトが現れます。サイトを閲覧してみると、各業者の初期出店費用・月額利用料、サイト毎の強み等がわかります。

業者間の利用料・特徴・長所短所等を比較して情報提供しているサイトもあります。

ネットショップの種類

ネットショップには、モール型とショッピングカートＡＳＰ型と呼ばれる2つの種類があります。

Ｙａｈｏｏや楽天はモール型です。ショッピングカートＡＳＰ型と呼ばれる通販サイトは、利用者が独自ドメインを取得してネットショップを開設するという方法です。サイト業者がカート機能や決済機能を提供して、利用に応じて手数料を取る仕組みになっているところが増えています。

モール型は、店舗に例えるとデパートに出店するのに似ています。デパートが集客してくれますが、出店コストは高いのが通常です。また、デパートはデパートまでの集客しかしてくれないので、デパートに足を運んだ顧客に自社の店舗まで足を運んでもらうためには各店舗の努力が必要となります。

一方、ショッピングカートＡＳＰ型は利用者が独自で個別に店舗を開設するようなものです。集客は原則として自力で行う必要があります。そのかわり、利用高に応じた決済等の手数料はかかりますが、初期費用や月額利用料は一般的に安価です。中には、初期費用や月額利用料は無料のサイトまであります。

気軽に始められる

無料のショッピングカートＡＳＰ型を利用すれば、固定費を全く掛けずに、ネット通販を開始して運営することが可能です。固定費を掛けないということは、経費を変動費化できるということです。損益分岐点売上高は限りなくゼロに近づきます（第5章）。つまり、非常に気軽にビジネスを始めることができるということです。サイトをアップするだけなら、コストが掛かりませんから、他にコストを掛けなければ、万が一全く売れなくても損失を被ることはありません。

気軽に始められるということは、競争相手が山のようにいるということ

無料で気軽に始められるとはいうものの、固定費（月額使用料等の、売上がゼロでも一定額が発生する性質の費用を固定費といいます）を全く掛けずにネット通販サイトで売上を上げるのは困難です。

固定費が無料ということは、誰でも簡単に始められるということです。これを「参入障壁が低い」といいます。お金の準備がない人も、経験や実績がない人も、業界の知識がない人も、軽い気持ちで、取敢えず始めることが可能なのです。つまり、競争相手がピンからキリまで山のように存在する環境の元で勝負をしないといけないということです。

一般に参入障壁の低い市場で競争優位に立つためには、値段で勝負せざるを得ません。それが嫌なら、知恵を絞って、よほどの特徴を出して、他社と全く違うブランド価値を構築し、顧客に「どうしても〇〇ブランドがよい！」と言われて、選んでもらうしかありません。

きらきらｓｃｈｏｏｌの狙い

きらきらｓｃｈｏｏｌでは、今までどこにもない新しい種類のブランド価値を構築する実験をしながら、この難問題に挑んでいるところです。

と言っても、まだ大したことはやっていません。無料のショッピングカートASPを使って「きらきらｓｃｈｏｏｌ」のネット通販ページを作成しているだけです。

前記の通り、ショッピングカートASPを利用した場合、集客は自分で実施する必要があります。お金を掛けてプロにSEO対策をしてもらったり、通販業者の有料サービスを使ったり、SNSを使ってページを宣伝したりという努力が必要です。

しかし、きらきらｓｃｈｏｏｌは、そういった努力にあまり労力やコストを費やしてはいません。

きらきらｓｃｈｏｏｌとぴったりコンセプトのあった顧客とだけ、時間を掛けてよい関係を築いていきたいと考えているので、今はあまり宣伝をしようとは思っていないのです。

時間をかけて、自分たちのコンセプトをしっかりと確立し、それを少しずつ告知することで、ｗｉｎ－ｗｉｎの関係を築くことができる顧客としっかりと絆をつくり、お付き合いを続けていこうと考えています。（4章参照）

ネット環境の進化は、新規事業者にとって願ったりかなったりです。新しく事業を始めるにあたっては、始めから設備投資をしたり固定費を掛ける契約をしたりすべきではないと思います。ネットを使うことによって固定費を抑えて事業を開始することが可能です。

固定費はいつでもかけ始めることが可能です。料金の安いサービスからスタートして、少しずつ料金の高いサービスメニューに切り替えていくことも可能です。

5　ネットが苦手と思っているなら、とにかく触ってみる

食わず嫌いのままでは、せっかくの可能性を生かせません。

最低限の知識は不可欠

外注に出すにしても、ある程度のところまで自分でやってみることがおすすめです。自分でできること、できないことを把握して、何を外注しないといけないのかを自分自身で理解する前に他人に依頼するのは危険です。

余程良心的で、有能で、且つ、商売っ気のない業者に巡り合えたら、その業者はあなたの希望を我慢強く聞き出してくれて、過不足なくあなたのニーズに合ったｗｅｂページ（ネット通販ページ）を作成してくれるかも知れません。

でも、その可能性はゼロに近いほど僅少です。

ネット関連のことだけは専門家に頼めば大丈夫ということはありません。

専門家にもデザインに強い人、最新の情報に通じている人、プログラムを書く人等、専門分野が違います。

それぞれの専門家に頼んでいたのでは、お金がいくらあっても足りません。

今は、既存のテンプレートを使うと、素人でも簡単なＨＰ（ホームページ）がつくれる時代です。デザインにお金を掛けるのか、機能性のよいページ構成にお金を掛けるのか、何にこだわりたいのかがわかるまでは、自分で情報収集をするべきです。

ＳＮＳ等の使い方やボタンの場所は、どの種類も似ています。スマホ（スマートフォン）のアプリ（アプリケーションプログラム）を使うのに取扱説明書を読んで理解してから使っている人はまずいません。

普段から使っている人は慣れているので、新しいアプリでも適当にやってみるだけで、ある程度使えます。

一つのアプリで慣れている人は、他のアプリも似たような仕組みになっているので勘で触れば使えるのです。使っているうちに新たな発見があり、やればやるほど使い道が広がり楽しくなります。

車の運転を考えてください。普段車の運転をしている人なら、違う車種のレンタカーを借りても何とか運転することができます。エアコンの操作ボタン位置やＥＴＣカードの挿入場所は個々の車によって違いますが、基本的な運転に係るハンドルやブレーキの位置と操作方法は類似しています。一からマニュアルを読んで練習しないと扱えないということはありません。慣れるまでは少し注意する必要がありますが、直ぐに慣れて違う車種の車の運転を楽しむことができます。

ＳＮＳも同じです。自分が仲良くなりたい人たちが使っているＳＮＳの種類を選んで、基本的な操作を覚えたら、あとは楽しんで利用しているうちにどんどん慣れてきます。

わからないことはわかっている人に尋ねましょう。結構、丁寧に教えてもらえると思います。そのためには、親しい友人がたくさん使っているアプリから始めるとよいですね。

独自のサイトをつくるにしても、ある程度の周辺知識が必要です。こんなデザインがよいとか、こんな機能を付けてほしいとかいう要望も、たくさんのサイトを閲覧して、使用者の使い勝手を体感していないと発想自体が出てきません。そもそも、外注業者とのコミュニケーションが上手くいかないでしょう。

必ずしも最新の情報に精通する必要はない

ネットの世界はどんどん進化します。スマホのアプリは、新しいものが次々に現れます。Facebookを使っていると、「今はもうInstagramの時代なのに、まだFacebookを使ってるの？」と、言われることがあります。

でも、もう暫くはFacebookを使う予定です。なぜなら、私が情報を伝えたい人たちが、まだFacebookを使っているからです。

世の中の流れを知っておくのは大切なので、Instagramも全く無視しているわけではないのですが、今は私が情報を伝えたい人たちがよく使っているFacebookをメインの情報発信ツールとして使っているのです。

Ｆａｃｅｂｏｏｋにしても、たくさんある機能を駆使しているわけではありません。私の知識はあまり使ったことのない人に基本的な使い方を教えられるレベルです。

私が沢山の人たちを相手に物を販売しサービスを提供することを狙っているとしたら、現在の悠長なアクションプランはあり得ないでしょう。ＳＮＳについても、若い人たちが使う新しいものについて、どんどん研究すべきです。

しかし、私たちがターゲットとして情報発信している相手はネット環境に囲まれて青春を過ごしてはいないアナログ世代です。情報技術関係に非常に疎い人は、未だにスマホを使っていない人も少なくありません。そのニッチな世界で面白い提案をしていきたいと考えているわけですから、新しいアプリをどんどん研究して使ってみる必要はないのです。

きらきらｓｃｈｏｏｌでは、アナログ世代にスマホやアプリを使ってもらえるような啓蒙活動を進めて、アナログ世代の世界を広げるお手伝いができればと考えています。私たちがアナログ世代であるからこそ、アナログ世代の方の気持ちがよくわかるからです。

私がアナログ世代の方にインターネットに慣れて上手く利用していただきたいと思うのには2つの理由があります。

一つ目の理由は、中高年者が悪意のある人から騙されないようにするために、ネットやSNSに関する最低限の知識を身に付ける必要性はこれから先どんどん高まると思うからです。いくら苦手でも、これから先、全くネットを使わずに過ごすのは困難です。少しでも使っていればこそ、怪しいと思う勘所が身に付き、直ぐに詳しい人に相談することができます。

　二つ目の理由は、中高年者ほどネットを上手く利用することによって、毎日の生活の利便性を大きく高めることができると思うからです。日用品のまとめ買いをして重たい荷物を運ばなくてはいけない場合でも、ネット通販で買い物を済ませてしまえば自宅まで商品を宅配便で運んでもらえます。遠く離れて音信が途絶えた昔の友人とSNSで再び連絡を取り合って交流を図ることもできます。調べ物をしたいときに、わざわざ図書館に出かけて行かなくても、ネットを使って情報を収集することも可能です。

　将来は、ネット環境を利用しての高齢者向けサービスがさらに充実するのではないかと思います。ネットの操作方法にあまりに疎いままでは、せっかくのサービスを上手く活用できないかもしれません。

　これから先の長い人生を考えれば、信用できるサイトを選んで少しずつ利用してみることの意義は大きいと思います。

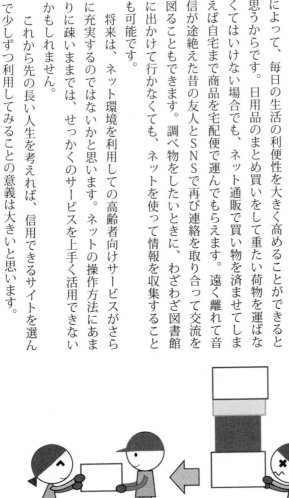

4章　ブランディングの基礎の基礎

1　自分自身のブランディング

経営者は自己のブランドに責任を持たなければいけません。

ブランド（ブランディング）とは

最近はブランド（ブランディング）という言葉をよく聞きます。しかし、この言葉は少しわかりにくいので、ここでは一旦イメージ（あるいは印象と考えていただいてもＯＫです）という言葉に置き換えて説明します。

私の周りの人は、私に対して「（私）はこんな人に違いない。（私）は○○な人なので、△△の場面ではこんな行動をとるだろう」というイメージを持っています。

そのイメージを持って私とお付き合いしている方は、私がその期待に反する言動をとると混乱します。

そして、私と距離をとったり、場合によっては、付き合いをやめたりするかもしれません。私のことを○○な人と信じてお付き合いをしているわけですから、「裏切られた」という気持ちになるかもしれません。

○○な人だからこそ仲良くしていたのだから、そうでないなら付き合いをやめたいと思うのも頷けます。

○○にA、△△にBを当てはめて読んでみてください。

A―1　人情に厚い　　B―1　他人の理不尽な苦労話を聞いて号泣する

A―2　冷静で緻密　　B―2　情に流されず公平な判断を下す

A―1とB―2、あるいは、A―2とB―1の組合せの行動を目の当たりにすると、違和感が残って混乱するのと一緒です。予測不能な行動を繰り返す人に対して、人は親近感を持ちません。

私の周りの人が私に対して持っているイメージは、普段の私の言動から彼らがつくり上げたものです。私の言動が元になっていますが、実際にそれをつくったのは私ではなく私の周りの人で、そのイメージは彼らの頭の中にあります。

ブランドに責任を持つということ

社会人になると、他人がつくり上げるこのイメージに、ある程度責任を持ち、それを主体的にコントロールしなければなりません。仕事を続ける上では、周りの関係者から「あの人にはこの仕事を任せても大丈夫だ」と思ってもらう（頭の中にそういうイメージ（印象）を植え付ける）必要があります。

そのためには仕事の水準を落とさないようにして、周りの人たちとの信頼を築き、その信頼を裏切らないように努力を続けなければなりません。

「○○さんは、能力があって誠実な人なんです。だから、難しい仕事を頼んでもできるだけのことをやってくれます。私は仕事を頼むなら○○さんに頼みたいと思います。目先の対価を優先して安い所に頼むより、少々値段が高くても○○さんに頼んだほうが、長い目で見ると自分にメリットがあると信じています」

このイメージ（印象）を周りの人の頭に根付かせるのがブランディングです。

ブランドは時間をかけて培うもの

周りからこのような印象を持ってもらうためには、普段から誠意をもっていい仕事をして、期待を裏切らない努力を続ける必要があります。この印象は時間をかけて少しずつ周りの人の頭の中に構築されていくものです。

付け焼刃でどうにかなるものではありません。だから、この印象を意図的につくり上げようと思っても、そう簡単にはいかないのです。

本来の基本的なものの考え方や価値観と合致していない印象を相手に植え付けるために、いくら言葉で主張して単発的な行動を示してみても、普段、無意識に発せられる継続的な言動からのメッセージと整合性が付かないので、相手には違和感しか伝わりません。

ブランドはとてもデリケート

一方、ブランドイメージは相手の頭の中に定着するので、直接手を施して修正するわけにはいきません。

したがって、一旦構築されたブランドイメージはとてもデリケートでもあります。相手の頭の中に形成されたブランドイメージを修正しようとすれば、既にその修正前のイメージを持った人が裏切られたと感じて去っていってしまう可能性が高いのです。

去っていった人に再び新たなイメージを植え付けて戻ってきてもらうのは至難の業です。

①イメージを修正する必要性がある理由を説明する。
②工夫して相手に十分納得させる。
③一旦構築されたイメージを一掃する。
④新たなイメージを発信し続ける。
⑤新たなブランドを構築する。

右記の①～⑤を順を追って実施して、すべて成功しなければ相手は去っていきます。

建物を建てるとき、更地に建てるより、老朽化した頑丈な建築物をその基礎工事部分から取り壊して排除してから新しい建物を建てるほうが、はるかに労力がかかるのと一緒です。

しかも、これはすべて相手の頭の中で起こります。すべては相手の気持ち次第です。本人がそれを望まなければ絶対に不可能なのです。

信念に基づかないブランディングは成功しない

整合性が付かない言動を繰り返す人を人は決して信用しません。今日言ったことと明日言うことが違う人や、言っていることとやっていることが違う人を誰が信用するでしょう。

したがって、自分を周りに印象づけたいときにはどのような印象を持ってもらいたいかを考える前に、自分自身が価値を感じているのは何なのか、将来に渡って自分自身が言葉や態度を通じて周りに主張し続けたいのは何なのかをまず自問自答する必要があるのです。

私たちは日々無意識のうちに言動を通じて周りにメッセージを発信しています。まず何を発信しているのかを知りましょう。そして、将来に渡って本当に何を伝えたいと考えているのかを分析してみましょう。これは、言うのは簡単ですが、実際にやってみるとなかなか大変な作業です。簡単に真実に近づけるものではないので、ずっと考え続ける必要があります。

自分の信念に基づく言動に勝るものはありません。小手先の手段によるブランディングを考える前に根本的なところをしっかりと把握するのが先決です。

2　毎晩布団の中で考える

自分の頭の中に画像が浮かぶまで考えましょう。

おすすめしたいのは、自分の使命を考え続けること

　毎晩布団の中で本当に自分が大切に思っていることは何かを考えて、頭に浮かんだ言葉を枕元に置いたノートに書いてみることをおすすめします。面倒くさくても記録に残すことが重要です。

　記録に残すと、それを修正しながらブラッシュアップすることが可能になるからです。記憶は曖昧です。きちんと記録に残したほうが、絶対に効率が良くなるので是非書いてください。

　これは、将来ビジネスが成功して組織が大きくなり、たくさんの構成員をまとめる必要が生じた際や、コラボする相手を選択するときにとても役に立つツールになります。

　面倒くさいと思ったときは、肝に銘じてほしいことがあります。誰でも同じようなところで面倒だと感じます。ほとんどの人は面倒だと感じたところで、続けることをやめてしまいます。

　この面倒だけれど意義のあることを一つひとつきちんとやるかどうかが、将来の結果の大きな差になるということを忘れないでほしいと思います。

成功者といわれる人は、面倒だけれどやるべきことを、途中で投げ出すことなく、やり続けた人なのかもしれません。

たとえ自分が運営する組織が小さくて気心の知れた人に囲まれていたとしても、協力者を集めるために、自分の信念を語って周りの人の共感を得なければならない場面は直ぐに訪れます。

自分の信念（理念）を熟慮してまとめておいて、日々ブラッシュアップを続けておけば、必要になったとき、その場面にピッタリくるように微調整して直ぐに使えます。

いつでも人を「なるほど」と頷かせることのできる文言にあらかじめつくり上げておくことは非常に重要なのです。

☆*…*☆ episode ☆*…*☆ episode ☆*…*☆ episode ☆*…*☆ episode

新月の日を利用するのがおすすめ（エピソード5）

私は、新月の日時が過ぎると願い事を10個紙に書きます。

これは会計事務所開設当初、事務の仕事をしてくれていたAちゃんが教えてくれました。お客さんが少ない事務所のためにAちゃんが彼女なりに一生懸命考えて提案してくれたのです。

「新月に願い事を書くのがよいらしいのです。うちの近所の整骨院の先生は、患者さんから教えてもらって、この方法を続けたら患者さんが増えて売上が増加して、医院を増設したらしいんです！」そう言って、Aちゃんのお母さんが購入して持っていらした「新月に願い事をすると叶う」ということを解説して新月の日時が記載された書籍を自宅から持って来てくれました。

私は半信半疑だったのですが、大好きなAちゃんがわざわざ自宅から書籍を持って来て貸してくれたのがうれしくて、それから毎月新月に願い事を10個書いています。

実は、これには本当に効果があるのです！

もう5年以上続けているので、ノートは2冊あります。昔に書いた願い事を読んでみると、ほとんど同じことを継続して書いていることに気づきます。改めて、自分が心の底から望んでいることが何なのかがわかります。

そして、何より面白いのは、心の底から望んでいることを紙に書いてはっきりと意識することで、自分の行動がその望みを叶える方向にシフトして、希望に近づいていくのが自分でもよくわかります。

結局これは、自分自身の信念や行動の規範となる理念を知ることに役立っているように思います。

3　他人に話し、他人の意見を聞いてみる

周りの人に自分のビジョンを一緒に見てもらう。その場面に一緒にいたいと思うか率直に尋ねてみましょう。

少し考えがまとまったら、家族や親しい友人に語ってみる

恥ずかしがっている場合ではありません。いずれ成功すれば、沢山の人の前で話さなければいけなくなります。まず、信頼できる人の前で語ってみて、率直な意見を聞いてみるとよいでしょう。

自分の思いが伝わらなかったとしても、がっかりすることはありません。同じように話しても、人によって伝わり方は違います。選ぶ言葉によっても、伝わり方は大きく変わります。なるべく理解しやすい言葉でわかりやすく説明するのが重要です。せっかくの良い理念も周りに伝わらなくて協力を得られないのはもったいない話です。

場合によっては、自分の主張は周りの共感が得られるレベルにとどめておいて、時間をかけて少しずつ、段階を踏んで説明したほうがよいかもしれません。相手への啓蒙活動に時間が掛かるケースもあります。

伝わるまでには時間がかかる

これから沢山の人の共感を得なければならないのですから、一部の人にすべてが伝わらなかったからといって傷ついている時間の余裕はありません。

一旦自分の理念を確立したら、周りに語って反応を見る。一部伝わったら、それをもとに少しずつ相手に理解できるような言葉を選んで主張を続ける。

そうしているうちに自分も伝え方が上手になり、相手もあなたの考えを少しずつ理解し始めます。だんだん周りがあなたの理念に共感して、あなた自身がまだ気づいていない、あなたのきらきら輝く素晴らしい本質を見つけ出してくれるかもしれません。

自分を信じて、相手を信じる。継続的に良好なコミュニケーションをとる努力を続ける。人間関係の基本です。

☆*。。。*☆　episode　☆*。。。*☆　episode　☆*。。。*☆　episode　☆*。。。*☆

美人女性（独身）弁護士の厳しい一言　（エピソード6）

クラウドファンディングをしたときに女性美人弁護士から厳しいダメ出しがありました。特に自分のＦａｃｅｂｏｏｋの写真を指摘されたのは自分にとってはビックリ。でも、直ちに写真を変更して正解だったと思います。

実は私はＦａｃｅｂｏｏｋに、昔Aちゃんと余興でベリーダンスを踊ったときに撮った、衣装を着て2人でポーズをとっている写真をアップしていました。もう何年もその写真を使っていたので、私の周りの人は見慣れていて、その写真について特に何かを言われるようなこともありませんでした。

私が利用したクラウドファンディング業者のｗｅｂページはＦａｃｅｂｏｏｋと連動していて、Ｆａｃｅｂｏｏｋの写真がそのまま起案者のプロフィール写真としてクラウドファンディングページに掲載されるシステムになっていました。

したがって、Ｆａｃｅｂｏｏｋのベリーダンスの衣装の私が起案者としてクラウドファンディングのページに掲載されることになりました。

いつも見慣れていた写真なので、私はその写真が、初めて写真を見た人にどのような印象を与えるのかということを全く考えていませんでした。

新たに掲載する写真を選ぶのであれば、いろいろ考えたに違いありません。でも、Ｆａｃｅｂｏｏｋの写真は3年以上前に選んでそのままになっており、私にとっては毎日見ている写真なので、この写真が良いとか悪いとか、そんな考慮の対象外でした。

「『頑張っているお仕事女子を応援します！』と書いているのに、お臍を出している起案者の写真を見た女性には違和感が残るでしょ。私はあなたのことをよく知っているからいいけど、ｗｅｂページではじめてあなたを知る人がどう感じるかをよく考えないと駄目でしょう」というご指摘でした。言われてみれば、全くおっしゃる通りでございました。でも、そんな当たり前のことも、指摘されるまでは全く気が付きませんでした。

親身になってくれる協力者の有用なご意見は、少々耳が痛くてもしっかり聞いて参考にしましょう。

自分とは違う視点から意見を言ってもらえるので、視野がぐっと広がり有益です。

4　ブランド構築過程では他人の意見に一喜一憂する必要はない

楽しい場面をつくり出すことに成功すれば、人は自分から寄ってきます。

自分に必要な意見のみを取り入れる

親身になってくれる人の意見をしっかり聞きましょうと言いましたが、ネガティブな意見に翻弄されるのはナンセンスです。自分自身で必要だと思う意見だけに耳を傾ける技を身に付けましょう。

50代になってから私は、周りの批判や中傷があまり気にならなくなってきました。もちろん褒められればうれしいし、誹謗中傷されれば傷つき腹も立ちます。でも、そんなことを長時間引きずる程、時間的余裕がないということに気づきました。

やりたいことは山ほどあります。会って話をしたい人がたくさんいるし、もっと勉強しないといけないこともあります。ただでさえ時間がないのに、自分にプラスにならない他人の意見を反芻して考えるなんて時間がもったいないとしか言いようがありません。

だからといって他人の厳しい意見をすべて無視しろというわけではありません。きちんと聞いておいたほうがよいと自分が思える意見にだけ耳を傾けて、自分にとって価値のない意見は、聞き流してしまえばいいという意味です。

ネガティブ意見は、少し距離を置いて客観的に考える

日本人はダメ出しが上手です。先例がないことを話すと、まずネガティブな意見がたくさん出るのが普通です。「そんなの無理」「こんなリスクがある」「トラブルに巻き込まれたらどうするつもり」よくそこまでネガティブなことばかり思いつくと感心するくらい、ネガティブな意見はどんどん出ます。

自分のビジョンにネガティブな意見を言う人が現れたときは、その人が自分と同じビジョンを見て話をしているのかどうかを考えてみましょう。全く違うビジョンを頭に描いて意見を言われても的を得ているはずはありません。

次に、そのネガティブ意見は、「良くない部分を改善して頑張れ!」というメッセージなのかどうかを考えてみましょう。ネガティブ意見の目的が、あなたのアクションをやめさせることであれ

ば、聞く耳を持つ必要はありません。

あなたの頭の中のビジョンを理解しようとさえせずに、意見を言ってくる人もいます。そんな人の発言を聞く必要はありません。この場合、相手は自分の発言に値打ちを付けることが目的で発言をしています。親身になっている人はそんな態度はとりません。

あなたの話したことをきちんと理解する前に、一方的にネガティブな意見を発する人の話は全く無視して問題ありません。

ネガティブな意見だけではありません。話を理解する前に褒める人もいます。これも真剣な意見として受け取らなくてよいと思います。相手はあなたを喜ばせて「自分とあなたの関係が良くなること」しか考えていません。

一緒にビジョンを見て、適切な意見を言ってくれる人からの意見をしっかりと聞くことが大切なのです。

ネガティブ意見を捻り出すのは簡単です。しかし、どうすれば成功の可能性が高まるのかについて、的確なポジティブ意見を言ってくれる方はめったにいません。こんな人を見つけたら、心の底から感謝して、その関係性を大切にしたいものです。

きらきらｓｃｈｏｏｌのメンバーは、自分自身がそういう人になるために自己研鑽を続けています。賢明なメンバーは自らが望むものは、まず人に与えることからスタートしなければいけないということを知っているからです。

伝えるためにはテクニックがいる

相手があなたを応援したいと心から思ったとしても、あなたのビジョンが相手に伝わるとは限りません。相手があなたのビジョンを理解するためには、次の二つの要件が満たされている必要があります。

① あなたが自分のビジョンをある程度明瞭にして、きちんと説明ができること。

② 相手に似たような考えや経験があって、あなたの説明するビジョンを理解できる素地が相手にあること。

たくさんの力ある人からの協力を仰ぎたいのであれば、ビジョンを伝えるためのツールをあなた自身で開発すること、そして、相手がどれだけ理解してくれているかを観察しながら相手の理解できる範囲で何度も説明をして理解を深めていってもらうことが必要です。

☆*…*☆ episode ☆*…*☆

自分にとって有用であると自分が判断する意見にだけ耳を貸そう（エピソード7）

私は会計事務所を経営しています。会計事務所を経営していなかったら沢山の経営者とお話する機会もなく、起業家支援プロジェクトを考えることもなかったでしょう。

現在、起業家支援プロジェクトを始めて、私の世界は大きく広がり、さらにたくさんの人と知り合いになることができました。今は充実していて幸せです。

私が会計事務所を開設したことは私にとっては夢のある将来の第1歩だったといえます。

☆*…*☆ episode ☆*…*☆

☆*…*☆　episode　☆*…*☆　☆*…*☆　episode　☆*…*☆　episode　☆*…*☆

私が現在会計事務所を経営しているのは、平成10年に公認会計士の国家試験に合格したことがきっかけです。その後、監査法人で3年勤務して、会計士登録ができる条件を満たしたタイミングで独立開業しました。

公認会計士の国家試験にチャレンジしたとき、私は精神的に非常に苦しい思いをしました。

なぜなら、私が会計士の受験勉強を始めたのは、2人目の子供が生まれてまだ間もない時期で、私の実家の両親は私が勉強を始めたことに猛反対だったからです。

受験勉強が厳しい上に、子供たちの面倒を見ながらなので、他の受験生よりも勉強時間に制限があり不安でした。その上、実家の両親が週末になるとやってきて、受験勉強をやめるように説得されました。

子供のことを一番に考えない母親のせいで、子供の身に悪いことが起こったら取り返しがつかないのだという話を毎回聞かされました。そして、良いお母さんの話の載った新聞記事を切り抜いて持って来て、話を終えた後はそっと食卓に切り抜きを置いて帰っていきました。

両親の価値観と私の価値観は違うし、両親の価値観を優先して自分のやりたいことを放棄するなど私には考えられなかったので、反対されたからといって受験勉強を諦める気には全くなりませんでした。

しかし、私と子供たちのことを心配してくれている両親の意見を無視して正反対の行動

☆*…*☆　episode　☆*…*☆　☆*…*☆　episode　☆*…*☆　episode　☆*…*☆

をとることには、やはり辛いものがありました。

私の周りの受験生は、家族に受験勉強を応援してもらっている人ばかりだったので、やるせない気持ちになることもありました。

あの頃はいろいろ大変すぎて、20年近く経った今では細かいことはほとんど覚えていません。ただ、育児でいつも疲れきって、その上、すごく嫌な気持ちを抱えて勉強していたことだけを覚えています。

それでも、何とか試験に合格して会計士の資格を得た頃、私の父が自慢げに私の話を父の友人に語っているのを聞きました。

「娘は育児と勉強を平行して、やり遂げました。なかなか大したものです。我が娘ながら感心しました」と。

「えー！ あんなに反対しておいて、合格したらそう言う？『母親が子育て以上に何かに一生懸命になるなんて有り得ない』って言ってなかった？」

勿論、私の両親は私や子供たちの将来に、良かれと思って反対したのでしょう。

しかし、私はこのとき確信しました。周りの意見に翻弄されることは全く意味がないということを！

周りの意見に耳を傾けるのは悪いことではありません。でも、自分で価値がないと判断した意見は聞き流しても全く問題はありません。

相手の善意・悪意は問題ではありません。自分が必要だと判断した意見にだけ耳を傾ければよいのです。

私の幸せを心から願ってくれていた両親でも、こんなことがあるのです。ましてや他人のネガティブ評価を気にするなんて、全く意味がありません。他人の的外れなネガティブ評価は、ある程度実績が明らかになれば瞬時に変わります。そんないい加減なことを気にして影響を受けても何の得にもなりません。

5　ブランドを構築するということ

初心者がブランディングを戦略として考えるときは、二つの要素を念頭に置けばよいと思います。一つはコンテンツによるブランディング、もう一つは関係性によるブランディングです。

コンテンツによるブランディング

コンテンツとは、製品（商品）それ自体のことです。製品（商品）の品質・使い心地・デザインは、使用者（消費者）にメッセージを伝えます。

製品（商品）そのものだけでなく、パッケージや包装もコンテンツと一体となってメッセージを伝えます。

コンテンツは、製品（商品）をつくった人・取り扱った人・提供する人の気持ちと相まって自己主張をするのです。

「私を使うと、とっても便利」「私を着ると、とっても楽ちん」「私を買ったら、お得な気分になれますよ」など。

このコンテンツの主張と現実が異なったり、個々のコンテンツの主張内容に一貫性がないと、その情報を受け取った人は違和感を受けたり、騙された気持ちになったりします。

☆ episode ☆*...*☆ episode ☆*...*☆

一貫しない発言から信用は得られない（エピソード8）

☆*...*☆ episode ☆*...*☆

私には、こんな経験があります。ある行きつけの店舗でのことです。そこには、店主の他に常勤の従業員の方が1人いました。

店主は、顧客の1人である私に「彼は真面目で勉強熱心で、黙って朝早く店に出勤して掃除をしていることもあるんですよ」と自慢げに話をしていました。

ところが、暫くしてその店に行くと、その褒められていた従業員さんが辞めていなくなっていました。店主は「彼はひどく怠け者で、きちんとした仕事をするための努力をしないばかりか、先日はとうとう不正まがいの行為があったので辞めてもらいました」と私に話しま

☆ episode ☆*...*☆ episode ☆*...*☆

した。

私は、その話を聞いて戸惑いました。つい数か月前に店主自身が私に語っていたことと正反対の話だったからです。

以前、店主は自分の店舗を良く見せることを目的に私に心にもないことを語ったのでしょうか。それとも、何かトラブルがあって、ひどく腹を立てたせいで、店主の記憶が書き換えられてしまったのでしょうか。

事の真意はわかりませんが、いずれにせよ私はその店があまり好きではなくなりました。その店主の話をまともに聞く気持ちにはなれなくなってしまったからです。

その店が扱う商品は好きなので今もその店に行っています。でも、同じ商品を扱う、感じの良い店が他に見つかったら、その店にはもう行くことはないと思います。

☆*...*☆　episode　☆*...*☆　episode　☆*...*☆

関係性によるブランディング

関係性とは、顧客（自己の製品・商品のファン）との継続的なコミュニケーションを通じて構築される、相互の信頼関係をいいます。

顧客に対して手紙を出したり、メルマガを送ったりすることで、製品（商品）の利用方法に係る提案をしたり、事業者の取り組みを紹介したり、顧客に役立つ情報を提供したりすることで、関係性を深めてブランドイメージを根づかせていくことができます。

コンテンツを通じてのブランディングが基礎になることはいうまでもありません。しかし、競合品があふれる中で、自社製品（商品）を選び続けてもらうためには、コンテンツによるブランディングだけでは、十分とは言えません。

小規模事業者の場合、ターゲット顧客を徹底的に絞って、優良顧客と強固で理想的な関係を築くことに経営資源を集中させることが得策だと思います。

ペルソナを決める

マーケティング用語として用いられるペルソナとは、提供する製品（商品）・サービスにとって、最も重要で象徴的なユーザーモデルのことを指します。

マーケティング初心者の場合、ペルソナは自分自身か、もしくは、自分が非常に大切にしている身近な実在の人物にするのがよいと思います。

自分や自分にとって大切な誰かを喜ばすためなら、いろんなアイデアが湧いてきます。

ペルソナは何が好きで、どんな生活習慣で、何にこだわりを持っているのか等々、理解するのが容易です。身近な人であれば、直接尋ねることもできます。

実在するペルソナを中心に、少しずつファンを増やしていく努力が堅実なブランディングに繋がります。

☆*…*☆ episode ☆*…*☆ ☆*…*☆ episode ☆*…*☆ episode ☆*…*☆

完璧がブランド価値ではありません（エピソード9）

私には秘密があります。もうカミングアウトしていい時期だと思うので書きますが、私は九九をすべてそらんじてはいません。これは、最近まで誰にも話していませんでした。会計事務所を開業して他人のお財布の相談を生業としているものが、九九をすべて言えないとわかると信用に傷がつくかもしれないと思って黙っていました。そろそろ時効（？）なのでお話します。

私は子供の頃から暗記をさせられるのが大嫌いでした。本を見れば書いてあることをわざわざ暗記することに、何の意味があるのかどうしても理解できず、腑に落ちないことを強制的にやらされるのが嫌でした。

そして、2×3と3×2が一緒なのに両方覚えないといけないということにも合点がいきませんでした。そして、3の段は3×3から、4の段は4×4から覚えることにして、後はひっくり返して計算をすることにして、現在に至っています。

私は掛け算をするとき今もこの作業をしているので、暗算が非常に苦手です。仕事柄、普段は電卓を持ち歩いているので、あまりばれることはありません。しかし、会計の仕事をしていながら、人より暗算が苦手というのはコンプレクスです。

私が今まで、このことを内緒にしていたのは、このことが私のイメージを傷つける可能

☆*…*☆ episode ☆*…*☆ ☆*…*☆ episode ☆*…*☆ episode ☆*…*☆

性があると思ったからです。「数字に強くて、任せて安心。信頼のおける会計事務所」というブランドイメージを築く過程では、「所長は九九が全部言えなくて暗算が苦手」という情報はブランドを棄損しかねません。

私が今、自分のコンプレクスを笑って話せるのは、既に会計事務所のブランドイメージが構築できていると信じているからです。私がクライアントの社長に、「実は私は暗算が苦手なんです」といっても、去っていくお客さんはいませんし、それを理由に顧問料を下げろというお客さんもいません。

信頼関係がしっかりと構築できる前と後では、ブランド構築のためにとるべきアクションは自ずと変わってきます。私の会計事務所では、コンテンツよりも、クライアントとの関係性をより強める努力をすべき段階にあると考えています。企業経営者は他社から必要な情報を入手して経営を続けます。中小企業では、情報収集の手段が限られていますし、沢山の情報から自社に最も合う情報を選択して利用するということが簡単ではありません。

会計事務所には企業経営者とは違ったチャンネルから情報が集まります。これらの情報をうまく利用し合う関係性を構築していくことで、今まで以上のサービスが提供できると思います。

会計事務所に本来求められるサービスのコンテンツだけでなく、必要なタイミングで必要な提案ができる顧客との関係性を築き、同業者との差別化を図っていきたいと考えています。

6　ブランドを守る

原則はとてもシンプルです。

嘘をついてはいけない

私は自分のブランドを守るために、あることに気を付けています。それは、自分の利益のために嘘をつかないということです。「あの人のいうことは信じても大丈夫」と人に思ってもらえないと、いろんなことが上手くいきません。

「守れない約束はなるべくしない。約束は守る。約束を守ることができないかもしれないと思ったら、なるべく早く相手に知らせる」このことは、肝に銘じています。

なぜなら、私自身が人から嘘をつかれると非常に迷惑だからです。嘘を信じて行動してしまうと、たくさんのロスが生じます。

私は嘘をつく人とは、なるべく関わらないようにしています。自分が損をするだけでなく、私がその人の言ったことを信じて他の人に話すと、私自身が他の人に迷惑をかけてしまうかもしれないからです。

ブランドを守るために最も重要なのは、コンテンツそれ自身についても、ユーザーとの関係性構築に当たっても、「ファンに嘘をつく結果とならないように努力する」という、とてもシンプルなことだと思います。

ブランドは時間をかけてゆっくり育てていくからこそ価値がある

ブランドは微調整を続けながら確実に相手の脳裏に浸透させていく必要があります。自分がビジネスを続けていく過程で、主義主張に成長がみられるのは当たり前です。

真摯な態度で主張を発信して、必要に迫られたら修正を加えるという方法で全く問題はありません。

そんな前向きの修正に腹を立てる人たちがいたとしたら、去る者は追わないという割り切りも、ある程度は止むを得ません。

去っていく関係者を引き留める努力をするより、発信者の成長に一緒についてきてくれる関係者を大切にして増やしていくことに労力をかけた方が建設的です。

ブランドイメージは、こちらから一方的に情報伝達して確立するものではなく、相手のニーズを汲み取り、できる調整を試みて、相互に確立していくという性質のものです。

最終的には、こちらの発信する真摯な主張に、やはり真摯に答えてくれる相手とずっとお付き合いをすることになり、お互いによい関係性を築いていくことになるのだと思います。

5章　損益分岐点売上高を感覚的に押さえる

1　貢献利益を理解する

貢献利益の意味をしっかりと理解しましょう。
貢献利益とは、利益を生み出すことに貢献する利益で、利益の源です。

貢献利益についてしっかりと理解する

貢献利益は、次の計算式で算出されます。

A：販売価格（上代）　－　B：変動費　＝　貢献利益

変動費とは販売の増減と比例的に増減する性質の費用をいいます。代表的な変動費は売上原価です。化粧ポーチを仕入れて販売するとします。1，000円で仕入れて2，000円で販売するとしたら、A：販売価格（上代）は2，000円で、B：変動費（売上原価）は1，000円です。売上原価以外に変動費が存在しない場合には、ポーチ1個当りの貢献利益は左記の算式で求められます。

A：販売価格（上代）2，000円　－　B：変動費（売上原価）1，000円＝貢献利益1，000円

変動費は売上高の増減と連動して増減する費用

実際には、変動費は売上原価以外にもあります。

理解しやすいように、ここからは簡単な左記の二つの設例を使って説明します。

【設例1】　化粧ポーチを自分の店舗（賃借）で販売します。ポーチは可愛くラッピングして顧客に手渡します。

【設例1の変動費】

販売にあたって、とても奇麗なラッピング（1個当たり20円）をして商品を渡します。このラッピング費用は変動費です。販売する数量と比例して増減するからです。

【設例2】　化粧ポーチは販売手数料を支払って、委託販売（第3者に委託・代行して販売してもらう販売形態）します。

【設例2の変動費】

委託販売の手数料を販売価格に応じて支払う契約をしています。

2，000円のポーチを1つ販売してくれたら、委託販売者の手数料として800円を支払うという契約を交わしました。

この手数料は売上の増減と比例して増減するので変動費です。

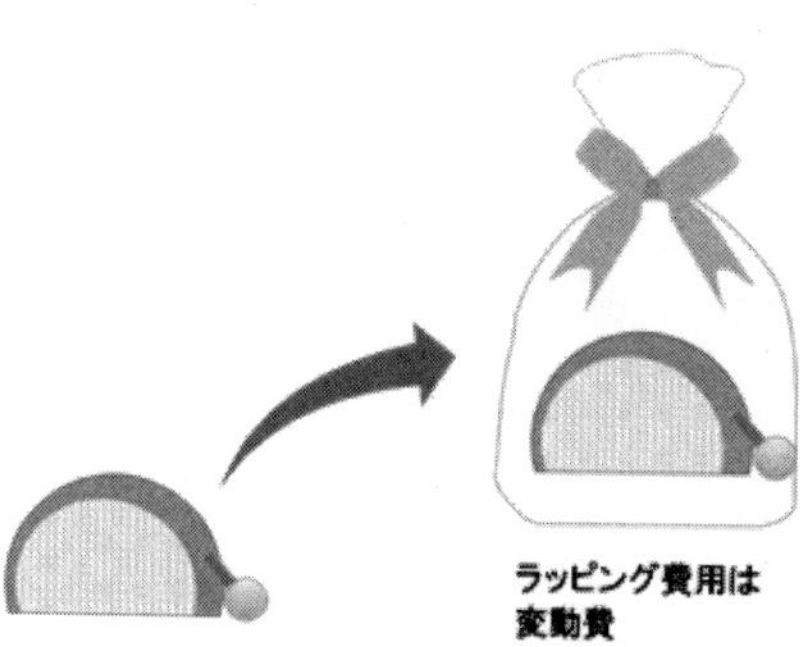

貢献利益

【設例1の貢献利益】

A：販売価格（上代）2，000円－B：変動費（売上原価1，000円 ＋ ラッピング費用20円）

＝貢献利益980円

【設例2の貢献利益】

A：販売価格（上代）2，000円－B：変動費（売上原価1，000円 ＋ 販売手数料800円）

＝貢献利益200円

貢献利益は利益を生み出すことに貢献する利益ですが、貢献利益が生じても直ぐに利益とは結びつきません。費用には変動費だけではなく固定費が存在するからです。

貢献利益は、まず固定費を全額回収する事に貢献して、固定費全額の回収が終わったら利益を生み始めます。

2　固定費について理解する

固定費とは、販売数量（売上高）の増減と連動せずに、一定額が継続的に発生する性質の費用をいいます。

代表的な固定費は家賃と給料

店舗を1か月の家賃○○円というふうに、毎月の賃料を決めて契約すると、毎月固定的に店舗賃借料が発生します。売上が発生しても、発生しなくても、同じ金額の家賃を毎月支払わなければいけません。

このような経費を固定費といいます。

月額基本給を決めて社員を雇用すると、やはり固定費が毎月発生します。店舗にお客さんが沢山訪れて売上が上がっても、お客さんが全く来てくれなくて売上がゼロでも、雇用契約で決めた就業時間に出勤していれば、決まった給料を支払う義務があるからです。

固定費を理解する

【設例1の固定費】

店舗の家賃は、水道光熱費と共益費込みで、月額9万8000円です。

C：固定費　月額　9万8000円（98，000円）

【設例2の固定費】

月に1回手土産をもって委託販売先を訪問し、販売の状況をヒアリングする必要があります。手土産代と交通費を合算して月額4000円が掛かります。

C：固定費　月額　4000円（4，000円）

3　貢献利益、固定費、損益分岐点販売数量の関係

固定費と商品1個当たりの貢献利益から損益分岐点販売数量を算出します。

貢献利益、固定費、損益分岐点販売数量の関係

【設例1】ポーチ1個当たりの貢献利益は前記1で計算した通り980円です。この貢献利益はまず固定費を回収することに貢献します。

ポーチを一つ販売するごとに、固定費を980円ずつ回収します。

【設例1の損益分岐点販売数量】

@980円×販売数量＝固定費の回収額

98，000円（月額固定費）÷@980円＝100なので、ポーチをひと月に100個販売することで、固定費を全額回収することができます。

この、固定費を全額回収できた販売数量が損益分岐点販売数量です。

【設例1】の損益分岐点販売数量は100個ということになります。100個販売してやっと

固定費を全額回収することができます。101個目から、1個当たり980円の利益が計上されます。

すなわち、100個販売するまでは損失が計上されており、101個目からはじめて赤字から黒字に転換するということです。

【設例2】ポーチ1個当たりの貢献利益は前記で計算した通り200円です。この貢献利益はまず固定費を回収することに貢献します。

ポーチを一つ販売するごとに、固定費を200円ずつ回収します。

【設例2の損益分岐点販売数量】

@200円×販売数量＝固定費の回収額

4，000円（月額固定費）÷@200円＝20なので、ポーチをひと月に20個販売することで、固定費を全額回収することができます。

この、固定費を全額回収できた販売数量が損益分岐点販売数量です。

【設例2】の損益分岐点販売数量は、20個ということになります。20個販売してやっと固定費を全額回収することができます。21個目から、1個当たり200円の利益が計上されます。

すなわち、20個販売するまでは損失が計上されており、21個目からはじめて赤字から黒字に転換するということです。

【設例1】と【設例2】のビジネスモデルの違い

【設例1】と【設例2】では、損益分岐点販売数量に大きな違いがあります。【設例1】は毎月100個以上売らないと損失が生じてしまうのに対して、【設例2】は毎月21個から利益が発生し始めます。

あなたは【設例2】のほうがビジネスモデルとして好ましいと考えますか?

実は、どちらかを選んだほうがよいという、正解はありません。あなたがどんな形でビジネスを展開したいのかによって進むべき道は変わってきます。

【設例1】は確かに利益を発生させるための努力が【設例2】よりも大変に見えます。月に101個以上販売しないと赤字なのですから!

しかし、【設例1】を選択した場合には、あなたの店舗が存在することになります。頑張ってあなたの店舗のファンを少しずつ増やしていくことが可能になります。

店舗のファンの皆さんは口コミであなたの店舗の宣伝をしてくれます。着実にブランドを構築していくことができるのです。

一方、【設例2】の委託販売でブランド価値を構築するのは困難です。あなたが顧客にブランドをアピールできる機会はほとんどありません。ポーチに小さく付けたタグでブランド名をアピールできるくらいです。ブランドを構築するためには、ある程度の固定費を掛けないと難しいのが現実です。

《設例1》

委託　受託

《設例2》

4　貢献利益、固定費、損益分岐点販売数量の関係を図で理解する

固定費を沢山かけたビジネスモデルのほうが損益分岐点売上高を達成した後の利益は発生させやすいのが一般的です。

図を見て理解を深める

横軸が売上高、縦軸が貢献利益を示しています。

矢印の実線（貢献利益線）が固定費の線（点線で表示の横線）を越えている売上高（横軸）では利益が発生します。

【設例1】は、固定費が98，000円です。

売上高がゼロのとき、損失は△98，000円です。矢印の実線（貢献利益線）が固定費の線（点線で表示の横線）より下にある売上高（横軸）では、損失が生じています。

売上が200，000円のとき、矢印の実線（貢献利益線）と固定費の線（点線で表示の横線）は交わっており、損失も利益も発生しません。貢献利益で固定費の全額を回収できていますが、利益の発生までは至っていない状態です（損益分岐点売上高）。

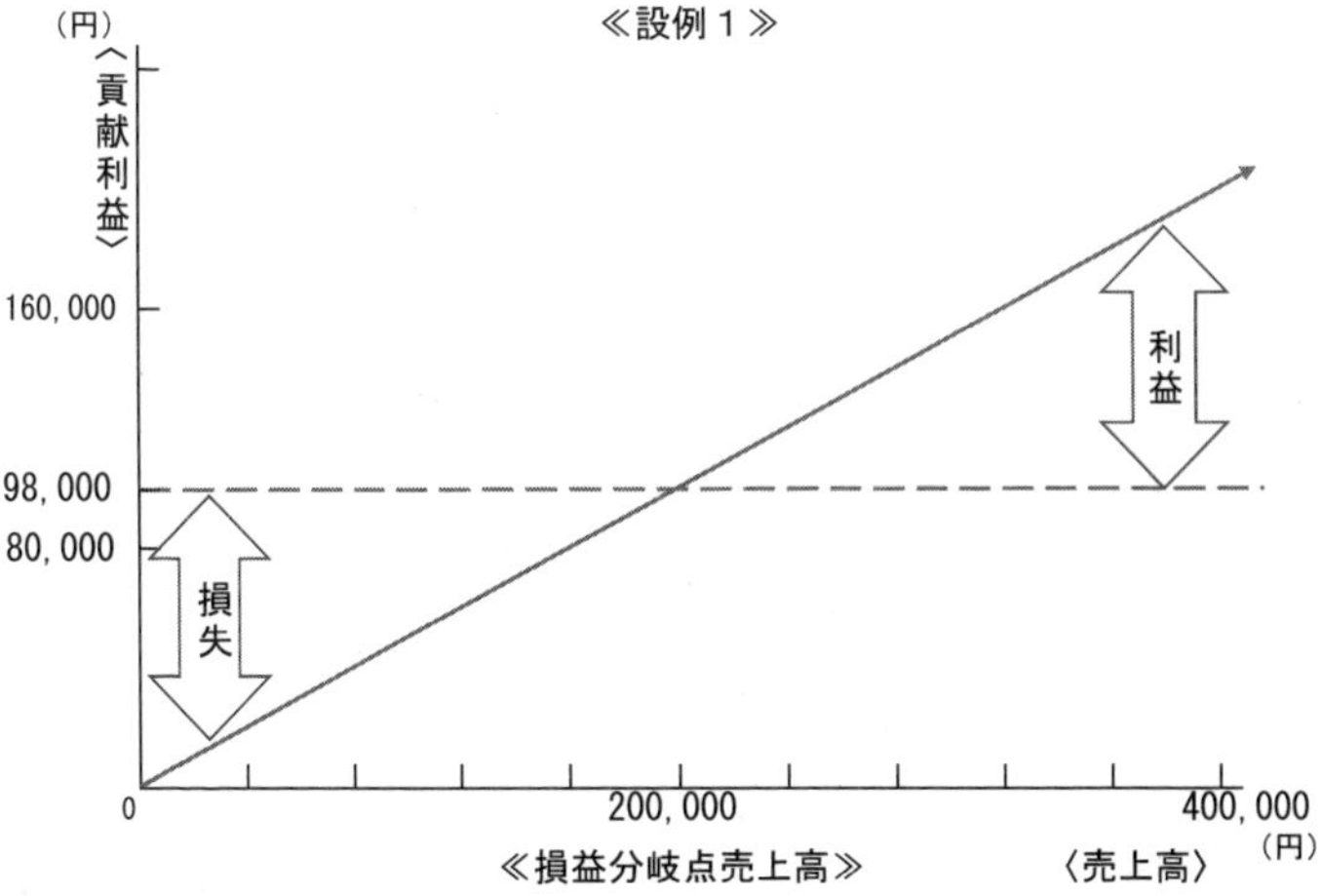

≪設例１≫
（円）
〈貢献利益〉
160, 000
98, 000
80, 000
損失
利益
0
200, 000
400, 000
（円）
≪損益分岐点売上高≫
〈売上高〉

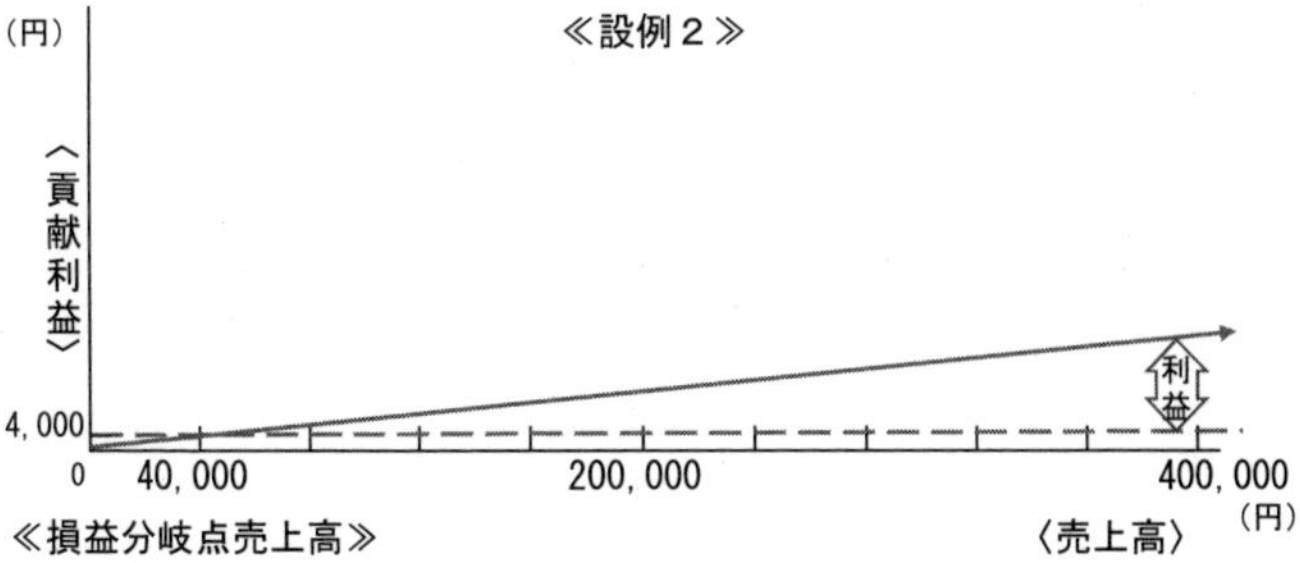

≪設例２≫
（円）
〈貢献利益〉
4, 000
利益
0
40, 000
200, 000
400, 000
（円）
≪損益分岐点売上高≫
〈売上高〉

売上400,000円のとき（@2,000円の化粧ポーチを200個販売したとき）、利益は98,000円です。

400,000円（売上高）－204,000円（(@1,000円＋@20円)×200個（変動費））－98,000円（固定費）＝98,000円（利益）です。

【設例2】は、固定費が4,000円です。

売上高がゼロのとき、損失は△4,000円です。矢印の実線（貢献利益線）が固定費の線（点線で表示の横線）より下にある売上高（横軸）では、損失が生じています。

売上が40,000円のとき、矢印の実線（貢献利益線）と固定費の線（点線で表示の横線）は交わっており、損失も利益も発生しません。貢献利益で固定費の全額を回収できていますが、利益の発生までは至っていない状態です（損益分岐点売上高）。

売上400,000円のとき（@2,000円の化粧ポーチを200個販売したとき）、利益は36,000円です。

400,000円（売上高）－360,000円((@1,000円＋@800円)×200個（変動費））－4,000円（固定費）＝36,000円（利益）です。

【設例1】と【設例2】を比較していえるのは、売上が損益分岐点販売数量に満たない可能性が高いときは、固定費を掛けない【設例2】のほうが赤字リスクは小さいということです。

一方、売上が損益分岐点販売数量を超える見込みが高いなら、大きい利益が見込める【設例1】のほうが望ましいといえます。

【設例1】と【設例2】は、2者択一の関係にはありません。

まず、【設例2】でスタートして、請負業者のほうから消費者の手ごたえをヒアリングして、それから【設例1】にチャレンジする。つまり、「最初は固定費をほとんどかけずにスタートして、様子を見ながら少しずつ固定費を大きくして、ブランドの形成に努める」という方法をうまく取ることも工夫次第で可能です。

また、【設例1】と【設例2】の販売形態を、同時並行的に採用することも可能です。自社店舗を展開しながら、委託販売先にも販売してもらうという手法です。

事業にしっかりと慣れて、消費者の動向が理解できるようになり、何をすればどの程度販売数量が見込めるのか、感覚的にわかったら固定費を掛けて利益を取りに行くのをおすすめします。

それまでは、リスクを抑えてしっかりと市場の動向を探るというのが賢いやり方です。

勿論、最初からある程度の固定費を拠出して、「消費者ニーズの波に乗る」というやり方もあります。しかし、この手法は、ある程度業界の知識があって、消費者の嗜好の波を感じることができる、感度の良いアンテナを既にお持ちの熟練者がチャレンジする方法だと理解してください。

5　損益分岐点販売数量と目標販売数量は、頭の中に入れておく

> 余計な不安から解放されるために、二つの数値を抑えておけば安心です。

損益分岐点販売数量の重要性

損益分岐点販売数量の説明をしました。この数量は非常に重要な数字です。この数字を達成しなければ、黒字にはなりません。つまり、自分の貯えが減っていくということです。頑張って事業に専念して、貯えが減っていく。こんな馬鹿らしいことはありません。

したがって、1年目は赤字であっても、2年目はせめてとんとん、3年目からはある程度の利益が見込めないのであればビジネスのスタートを切ることはおすすめできません。

そして、一旦ビジネスをスタートさせたら、この損益分岐点販売数量にどの程度近づいているのかは、常に意識をしていなければいけません。

目標販売数量の重要性

もう一つ、損益分岐点販売数量の他に頭に入れておいていただきたい数字があります。それは目標販売数量です。

目標販売数量は、損益分岐点販売数量のように計算式で算出するものではありません。計算式で算出された損益分岐点販売数量を念頭に置いたうえで、1年目の目標販売数量を設定します。

次にそれを月別に割り当て、さらに必要に応じて日々の目標販売数量を設定します。

あとは、その目標数値を達成するために、効果の期待できるアクションを計画しておいて、次々に実施していくのです。

詳細は6章の通りです。

タイムリーな経営判断のために、損益分岐点販売数量と目標販売数量は頭に入れる

日々の業務に追われると、大所高所から物を考えることができなくなりがちです。

損益分岐点販売数量と目標販売数量が頭に入っていれば、日々の業務に追われていても、そのまま目先の業務を進めていてよいのか、何らかの方向転換を考えるべきなのかが自ずとわかります。

そのベンチマークとして、この2つの数字は、しっかりと意識していないといけないのです。

6　損益分岐点売上高の計算式

上級者は計算式も押さえておきましょう。

116ページで損益分岐点販売数量の計算について説明しましたが、ここでは、損益分岐点売上高について説明します。どちらも同じことを違った視点から計算しています。損益分岐点販売数量を理解するだけでも十分ですが、更に理解を深めるために損益分岐点売上高についても説明します。

損益分岐点売上高の算出式

固定費 ÷ 貢献利益率 ＝ 損益分岐点売上高

貢献利益率とは、売上高に対する貢献利益額の比率をいいます。

【設例1】と【設例2】の貢献利益率

【設例1】貢献利益率 ＝ 980円（貢献利益）÷ 2，000円（販売価格・上代）＝ 0・49（49％）

【設例2】貢献利益率 ＝ 200円（貢献利益）÷ 2，000円（販売価格・上代）＝ 0・10（10％）

【設例1】と【設例2】の損益分岐点売上高

【設例1】の損益分岐点売上高の算出

固定費 98，000 ÷ 0・49（貢献利益率）＝ 200，000円（損益分岐点売上高）

200，000円の売上高のときの販売数量は、200，000円 ÷ @2，000円＝100個です。116ページで計算した、損益分岐点販売数量と一致します。

【設例2】の損益分岐点売上高の算出

固定費　4，000　÷　0・10（貢献利益率）＝　40，000円（損益分岐点売上高）
40，000円の売上高のときの販売数量は、40，000円　÷　@2，000円＝20個です。
117ページで計算した、損益分岐点販売数量と一致します。

7　固定費の変動費化

事業のスタート時には固定費の発生に十分気を付けましょう。

固定費は効果性を十分検討してから発生させる

始めは固定費を掛け過ぎないビジネスモデルがおすすめと書きました。しかし、固定費を掛けないビジネスモデルは参入障壁の低いビジネスモデルでもあることを頭に入れておいてほしいと思います。

参入障壁の低いビジネスモデルとは、誰でも思い立ったら簡単に始められるビジネスモデルのことです。つまり、次々と競争相手が現れて、価格競争が激化しやすいビジネスモデルでもあるということです。

よほどの独自性を出して、他の新規参入者には真似ができない形で（差別化を徹底して）ビジネスを展開する工夫をしない限り、次々に現れる勢いのある新規参入者にお客を奪われてしまいます。

一方、固定費を掛ければ簡単に競争優位に立てるかというと、そんなに簡単ではありません。固定費を掛けて設備投資をしたら、その設備投資が陳腐化してしまうというリスクがあります。陳腐化というのは、時代遅れになって、顧客にアピールする魅力がなくなってしまうことをいいます。

陳腐化のスピードは昨今どんどん速まっています。新しいサービスがどんどん市場に提案される今日の経営環境の下では、現在、目新しく顧客の目を引いたものが、ほんの数年後には誰も興味を示さないものになってしまうかもしれません。今日、消費者の支持を得られている店舗施設が数年後には完全に飽きられてしまう可能性もあるのです。

このような不確実性の高い経営環境の元では、固定費をなるべくかけない経営が無難です。固定費は工夫次第で変動費化させることが可能です。

はじめは、委託販売で市場の動向を探る。家賃は掛けずにECサイトでの販売を始めてみる。店舗を月極で借りる前に、展示会等のイベント用に1日単位や1週間単位で借りられる賃貸物件を試しに借りて展示販売会を開催してみる。このような工夫で固定費を変動費化させることが可能なのです。

固定費をかける前に、なるべく固定費を変動費化させて、十分なリサーチと勘所を養ってから、固定費をかける段階に入るという方法をお勧めします。

ビジネスを始めたら、いつでもアンテナをぴんと張って、横のネットワークからの情報にも気を付けて、自分がベストだと信じる道を進むしかありません。そして、場合によっては、一旦大きくした規模を小さくする決断が求められる局面もあります。

臨機応変に対応できる状況をあらかじめつくっておくことと、タイミングを逃さないアンテナの精度が同時に求められるのです。

6章　ＰＤＣＡを回して進化する

1　PDCAを回すということは

P：Plan（計画する）　D：Do（計画を実施する）
C：Check（計画と実績を比較して、その差を分析する）
A：Action（分析の結果を踏まえて必要な措置をとる）
という業務を、継続して回し続ける経営管理手法です。

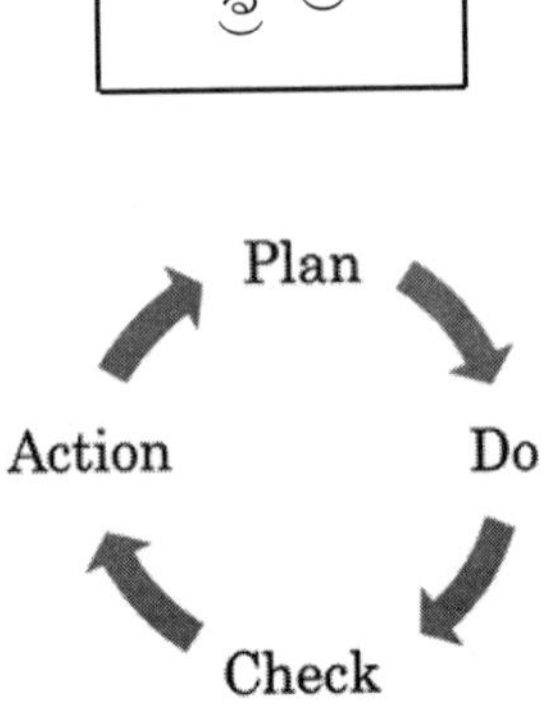

PDCAは、記録に残し続けることが重要

このPDCAのサイクルを繰り返していると、らせん階段を上っていくように経営管理の完成度が高まっていきます。より現実的（実行可能性が高い）で、かつ、効率の良い（費用対効果の観点から理想的な）Plan（計画）を立てることが可能になります。そして、高い収益性を追求することが可能となります。

ポイントはきちんと数値計画を立てて、記録に残し、計画数値と実績数値の比較をするということです。

この記録は、将来、実現可能性の高い計画を立てるに当たっての資料となるばかりでなく、事業計画を関係者に説明して賛同を得るための資料としても役立ちます。

具体例の紹介

きらきらｓｃｈｏｏｌの1冊目の書籍販売の事例を紹介します。これは、素人ができることを模索して実行した販売活動です。やることなすこと、はじめての経験ばかりでしたので、一つひとつの行動計画は稚拙ではありましたが、ＰＤＣＡを一度回し切りました。

私たちはＰＤＣＡを一度回したことで、沢山の経験をし、いくつかの効果的な販売のノウハウを獲得することができました。そして、次のＰＤＣＡは更にグレードアップすると確信しています。何事も「継続は力」です！

きらきらｓｃｈｏｏｌ書籍第1号『50歳からの起業教科書』の出版は２０１６年11月に叶いました。関係者に出版社を紹介してもらい、きらきらｓｃｈｏｏｌの複数の講師陣で一気に書き上げました。

メルマガで書籍の内容についてアナウンスしたり、Ｆａｃｅｂｏｏｋで発売日のニュースを流したり、という地道な広報活動を実施しました。

一方で、「1年以内に２００冊を書店を通さずに自力で販売する」という目標を掲げました。そして、きらきらｓｃｈｏｏｌのメンバーとＰＤＣＡを回してみました。

左記は、私たちが実際に回したＰＤＣＡです。

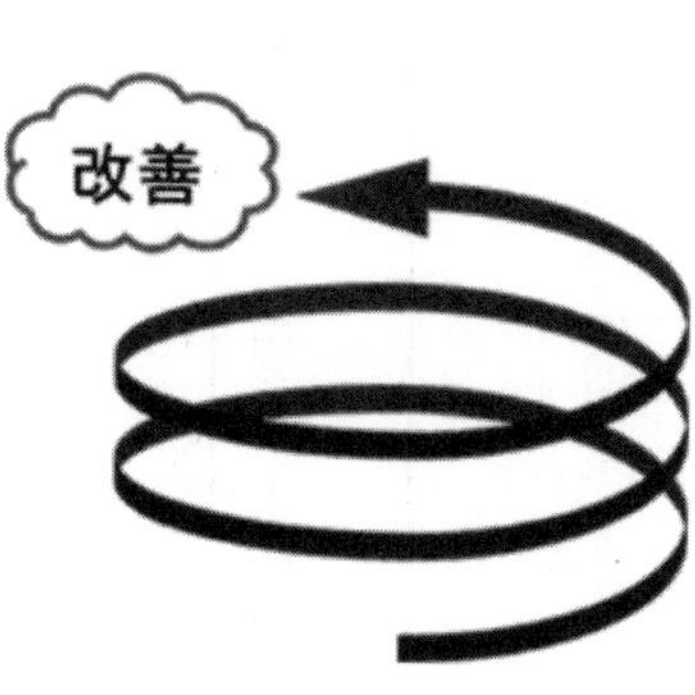

2 plan

計画を立てなければＰＤＣＡは回せません。はじめはアバウトな数値でも、計画を立てて記録に残すことが重要です。

あらゆる可能性をリストアップすることがはじめの一歩

まず、可能性のある販売チャンネルを考えてみました。思いつく限りを書き出してみたら、左記のようになりました。

①路上で販売する
②置き売り（関係者の事務所等に置いていただき、希望者がいたら販売していただく）
③勉強会を開催してテキストとして販売する
④ＥＣサイトで販売する
⑤クラウドファンディングのリターンにする
⑥関係者が主催する交流会等で販売させていただく
⑦著者売り
⑧知人友人にすすめる

数値計画を立てる

次に、販売チャンネルを区分してそれぞれの販売冊数を計画すると【図表1】のようになりました。

【図表１ 書籍販売計画】

	販売チャンネル	計画販売冊数
1	路上で販売	10
2	置き売り	10
3	勉強会のテキストにする	30
4	ECサイト	25
5	クラウドファンディング	5
6	協力者の交流会で販売	20
7	著者売り	20
8	知人友人販売	80
	合計	200

アクションプランを立てる

数値計画を立てたら、それぞれの区分（販売チャンネル別）に計画通りに販売を達成するためのアクションプラン〈作戦〉を立てました。

①路上で販売

〈作戦〉きらきらｓｃｈｏｏｌのメンバーからボランティアを募集して、路上販売をやってみる。

事前にＦａｃｅｂｏｏｋ、メルマガ、チラシで路上販売を実施することを告知して、書店で購入を考えている関係者に遊びに来ていただく。路上販売の状況はＦａｃｅｂｏｏｋでライブ配信して、きらきらｓｃｈｏｏｌの広報活動にも繋げる。

②置き売り（関係者の事務所や店舗に実物を置いていただき販売する）

〈作戦〉著者を始めとする協力者に書籍2～3冊を預けて、POPと一緒に書籍を目立つところに置いていただき、協力者の知り合いで興味を示した方に販売していただく。

置いていただける場所を10か所見つける。
③勉強会のテキストにする
〈作戦〉きらきらschool主催で『50歳からの起業教科書』というテーマで30人定員のセミナーを1回開催する。

参加費は書籍代込みの金額で設定して、後日、セミナーの内容を書籍で復習してもらえるようにする。
④ECサイト
〈作戦〉ネット通販サイトを立ち上げて販売する。きらきらschoolのネット通販サイトを作成して、書籍、書籍以外のオリジナル開発商品（現在はお仕事女子の楽ちん服）、関係者の手づくり製品等を掲載して販売する。
⑤クラウドファンディング（リターンの一つとして利用する）
〈作戦〉クラウドファンディングで支援者に呼びかけをして資金を集めるときには、支援者に対するお礼（これをリターンという）の品を送る。

このリターンは支援者の支援金額によってなるべくたくさんの種類のリターンを準備すると効果的なので、『50歳からの起業教科書』もリターンの一つとして、クラウドファンディングのwebページに載せる。
⑥協力者の交流会で販売
〈作戦〉書籍の趣旨等を説明して快諾いただける協力者の交流会で5回ほど販売する。書籍に興味を持ちそうな人が集まる交流会を探して、主催者に事情を説明し、快諾いただいた交流会で販売する。
⑦著者売り
著者にご自身の販促物として購入していただく。

〈作戦〉書籍の執筆者にご自身の仕事の販促物として利用していただく。
⑧知人友人販売
きらきらｓｃｈｏｏｌのメンバーの知人友人に販売する。

〈作戦〉出版前からSNSとメルマガを使って出版の予定をアナウンスする。購入希望者には、送料無料で書籍を自宅までお届けできることを伝える。

メンバーの関係する会社・事務所等でご協力をいただけるところに販促物やポスターを半年間ほど張り出して、来訪者の興味を引くように工夫する。

ツールの開発

Ｐｌａｎを立てているうちに重要なポイントに気づきました。販売をするためには、販売のツールが必要だということです。出版社からＰＤＦで送られてきた書店向けの販促チラシはありましたが、それほどインパクトはありません。自分たちの手で書籍の写真をアレンジしてＰＯＰをつくり、置き売り先に提供しました。

このＰＯＰは思った以上に優れものであらゆる場面で使えました。主催者に許可を得て、交流会等で販売させていただくときも、目立つところにＰＯＰとサンプル書籍を１冊置くだけで、参加者の目を引きやすく書籍の説明がずっと楽になります。

路上販売用ポスターも作成しました。このポスターはＦａｃｅｂｏｏｋのライブ配信で書籍のアナウンスをするときに、背景として映して利用することもできました。

3　Do

Ｄｏ（行動）するときは、自分と仲間を信じてやりきることが重要です。

Ｄｏのポイント

Ｄｏでは、いよいよアクションプランを実行に移します。Ｄｏは、どちらかというと頭を使いすぎないほうがよいと思います。頭はＰｌａｎの段階でしっかりと使っているのでここでは少し休ませてあげてはいかがでしょうか。やるときは考え過ぎずに黙々とやるのがおすすめです。

やってみて効果がないとか、アプローチした相手が全く興味を示さないとか、周りの人に馬鹿にされている気がしたとか、そんなことをいちいち考えるべきではありません。この段階では可能性のあることを一つひとつやってみることが何より大切です。行動することに意義があります。

Ｄｏのステージで考えるべきことは、行動が生む結果ではなく、行動の効率性についてです。どうすれば、体力を使わずに効率的な営業活動ができるか等、行動することの効率性をしっかりと考えて動くべきです。

一通りやってみて、計画と実績を比較した後でその理由を分析して、効果がないからこのやり方はこれからやめようと考えたり、やり方を変えてみたりすることは有意義です。

それでも、本当に効果がないのかどうか、どのように修正をかければよいのかは、ある程度やってみなければわかりません。

ある程度やって、周りの反応をみたり意見を聞いてみたりしなければ、効果を分析して次のアクションに役立てることはできません。

以前、百科事典の営業マンをしていらした方の話をお聞きしたことがあります。百科事典はかなりの高額商品です。販売することが難しいことは容易に想像できます。その方に販売の秘訣をお尋ねしたときの回答です。

「次にチャイムを押したお宅で百科事典を購入してくださるかもしれないでしょ。とにかく、朝一番に計画しただけの戸数のチャイムを鳴らすのです。それが一番重要なのです」

計画したことは、きちんとやる。できない理由は考えない。やるべきときは、ただ黙々とやる。すべてに共通する成功法則かもしれません。

書籍販売アクションプランの実行

それでは、私たちが実際にどのようにアクションプランを実行したかを説明します。

①路上で販売

12月13日10時から2時間堺筋本町の路上で「路上販売」を実施することを決定してボランティアを募ったところ、約6名のボランティアが集まりました。事前にFacebookの投稿でしっかりと宣伝活動をしました。キャッチコピーは、「寒空で、書籍販売プロジェクト〜マッチと書籍・・買ってください」

メルマガを配信。応援メッセージやメールを頂戴して、ボランティアはやる気満々。関係者の皆さんに楽しみにしていただいていました。念のため、所轄の警察署の道路使用許可証を入手して準備万端整えました。しかし、当日はまさかの大雨。年内に他の日に変更することも難しく、結局路上販売は翌年（2017年）に延期することになりました。

一旦しぼんだモチベーションを再度復活させるというのは非常に困難であるということを身をもって体験しました。もう一度同じプロジェクトを計画しても、気持ちがどうしても最初のときほど盛り上がらないのです。

これは、これからイベント等を企画するときも非常に重要な考慮要素だと思います。よい勉強をさせていただきました。

２０１７年4月29日念願の路上販売をついに実施しました。

前回（２０１６年12月13日）は突然の雨天で沢山の方にご迷惑を掛けてしまいました。雨天中止のアナウンスをＦａｃｅｂｏｏｋで告知したため、情報が行き渡らず、雨の中を販売予定場所まで足を運んでくださった方もいました。

今回は、その反省を踏まえて事前の告知は前日のＦａｃｅｂｏｏｋライブ配信のみにとどめて実施しました。２０１６年11月に出版してから半年近くが過ぎており、書籍を欲しい方は、既に書店やアマゾンで購入して下さっていました。道端で販売しても、全く私たちを知らない人が購入してくれることはないかもしれないと思いましたが、実行することに意義があると信じて2時間頑張りました。すると、なんと見ず知らずの人が1冊購入してくださいました。

道端販売では胡散臭いと思われても仕方がないと思っていましたが、胡散臭さとは程遠い真面目なタイプのメンバーさんが応援に駆けつけてくれたのが1冊売れた要因だと思います。

②置き売り（関係者の事務所や店舗に実物を置いていただき販売する）

事前に仲の良い同業者に声をかけておきましたし、きらきらｓｃｈｏｏｌメンバーの知合いで書籍を置いてくれそうな人を教えていただいて、10か所を確保しました。目を引くＰＯＰと、サンプル書籍を見えやすく置けるブックスタンドも提供しました。

③勉強会のテキストにする

きらきらｓｃｈｏｏｌ主催で『50歳からの起業教科書』というテーマで30人定員のセミナーを開催する計画でしたが、まだ実行できていません。

④ＥＣサイト

きらきらｓｃｈｏｏｌのネット通販サイトをＢＡＳＥ（ネット通販サイトを無料でつくれるサービス提供業者）を利用してつくりました。しかし、広報活動ができていないため、ＢＡＳＥのページの閲覧者は非常に少ない状態です。

たまに、メルマガやＦａｃｅｂｏｏｋ投稿でＢＡＳＥのｗｅｂページの話題を紹介してURLを掲載すると一時的に閲覧者は増えるのですが、販売までには至っていません。

⑤クラウドファンディング

クラウドファンディングは、「お仕事女子の楽ちん服」を開発・販売するための初期投資の資金を調達するためと、「お仕事女子の楽ちん服」プロジェクトを広く沢山の方に知っていただくために実施しました。

支援者へのリターンのバリエーションを増やす必要があったため、リターンの一つとして書籍を載せました。

クラウドファンディングを開始した後は、クラウドファンディングの業者と協賛でクラウドファンディングセミナーを開催しました。メルマガやＦａｃｅｂｏｏｋを利用して、クラウドファンディングを実施していることを広く伝えました。最後には、Ｆａｃｅｂｏｏｋのライブ配信を毎晩19時に10秒くらい配信して、支援をお願いしました。

⑥協力者の交流会で販売

5回の異なる異業種交流会で販売させていただきました。交流会によっては、1回で10冊も買っていただいた交流会もありました。

⑦著者売り

著者には、事前に書籍を購入していただけるようにお願いしていましたので、出版と同時に書籍を各著者に持参して購入をお願いしました。置き売りをご快諾いただけた著者には、そちらもお願いしました。

⑧知人友人販売

出版社と打合せしていた頃から、Ｆａｃｅｂｏｏｋ・メルマガで、出版の計画をお知らせしていました。出版の直前には、メルマガを配信して発刊をアナウンスしました。したがって、いろいろな方からお声掛けいただき、知人友人からは沢山ご用命をいただきました。

仕事やプライベートで人と会って話をしていると、ふとしたきっかけで書籍が話題に上ることがあります。いつチャンスが到来するかわからないので、カバンの中には常に2冊の書籍を入れて持ち歩くようにしました。

営業担当者の小さな努力が成果に繋がるのだということを肌で感じる良い経験になりました。

4　Check

> 計画数値と実績数値を比較して、その差がどうして生じたのかを考えます。

具体例の計画と実績の差異分析（146ページ図表2参照）

①路上で販売

関係者にアナウンスして、面白がって集まってもらう企画として実施すると成功の可能性もあったように思います。今回は、天気のせいでベストなタイミングを逃してしまったので、残念ながら、良い結果を出すことはできませんでした。

道行く人に書籍を販売するということが非常に難しいということがよくわかりました。もし、書籍のテーマにあった見本市のような会場で、もともと起業に興味のある人にアピールできれば、ある程度の販売は見込めるかもしれません。チャンスがあれば、一度実行してみたいと考えています。

実際の販売にはつながらなくても、広告宣伝を兼ねてポスターを張ってチラシを配って、書籍を販売するというのは、広報活動としてはよいかもしれません。広報活動を目的とするならば、Ｆａｃｅｂｏｏｋのライブ配信を上手く利用するのがおすすめです。

②置き売り

置いてくれた協力者によって、たくさん売れたところと、全く売れなかったところに分かれました。協力者が積極的に書籍をすすめたところでは売れたようです。つまり、エンドユーザーと直接対面する人次第で販売ができるかどうかが分かれるのです。

いくらPOPを準備しても、ただ置いているだけでは売れません。ビジネスの販売実績は営業マン次第であることを改めて知りました。

これから、委託販売を依頼するときは、誰に依頼するかで結果が大きく変わるということに気づきました。一旦委託した後も、委託販売者との連絡を密にして、商品を売ろうというモチベーションを高めてもらう工夫が必要であるということがよく理解できました。

③勉強会のテキストとする

勉強会が実施できなかったので、結果はゼロです。中途半端なセミナーを開催したくないので、しっかりと中身を練って、近日中に、非常に中身の濃い勉強会を1回だけ実施することを計画しています。定員30人程度の勉強会を実施することは困難ではないので、この計画と実績の差の△30冊は、近いうちに埋めることができると考えています。

④　ECサイト

サイトはつくりましたが、全く売れていません。これはもっとしっかり考えて、自前のECサイトで書籍を販売すること自体が無理な考えであったと結論づけるのか、見せ方を変える方法を模索するのか、近いうちに方針を決める必要があると思います。

⑤クラウドファンディング

クラウドファンディングは、きらきらｓｃｈｏｏｌのメンバーに頑張っていただいてしっかりと宣伝をしたので、他の沢山あるクラウドファンディングの起案の中でも上位にランキングされ、たくさんの人に見てもらうことができました。

その甲斐があって、書籍も５人の方が選んで支援してくださり、プロジェクト自体も目標金額を達成して成功しました。

⑥協力者の交流会で販売

５回の交流会で、計画通り20冊を販売しました。交流会によっては、１回で10冊も販売できたものまでありました。

これも、主催者がどれだけ協力的に書籍の販売を支援してくれたか、書籍の中身をどれだけ宣伝させてもらえる機会を与えてもらえたかによって、販売の達成数が大きく変わりました。

⑦著者売り

執筆をお願いするときに、販売についてもご協力いただける方をお誘いするようにしていましたので、著者売りは大変スムーズにいきました。

⑧友人知人販売

メルマガの配信・Ｆａｃｅｂｏｏｋの投稿による宣伝が功を奏したものです。これらの情報発信は、物を販売したいときだけでなく、色々な面白い情報をいつも発信するように努めている日々の継続的な努力が効いたように思います。

書籍を出版したと言ったら、積極的に購入しようと思っていただける人間関係を築くことができていたことが、大変うれしく思いました。

5 Action

> ＰＤＣを真面目にやったからこそ、Ａにつながります。

ＰＤＣを実施すると必要な是正措置が嫌でもわかる

２冊目の書籍の販促戦略では新しいチャレンジを計画しています。直接販売は、既に経験済みなので、成果の出た同じことを繰り返すことにはほとんど労力はかかりません。

２冊目の直接販売のアクションプランは、左記のようにするつもりです。

① 路上で販売…次回は見合わせる。

② 置き売り…積極的に販売してくださる５か所のみにお願いする。

③ 勉強会のテキストにする…１回だけ開催する（２冊目の書籍のテーマは販売という一般的な内容なので、定員数を50人に設定して開催する）。

【図表2 書籍販売計画実績差異】

		計画販売冊数	2017年7月実績	差異
1	路上で販売	10	1	−9
2	置き売り（富山の薬売り形式）	10	10	0
3	勉強会のテキストとする	30	0	−30
4	ECサイト	25	0	−25
5	クラウドファンディング	5	5	0
6	協力者の交流会で販売	20	20	0
7	著者売り	20	47	27
8	知人友人販売	80	86	6
	合計	200	169	−31

④ECサイト…サイト運営の方法については今後も検討するが、書籍の販売チャンネルとしては考えない。

⑤クラウドファンディング…宣伝効果が期待できるが、労力がかかるので、他のインパクトのあるプロジェクトと合わせて実施する必要がある。今回は見合わせる。

⑥協力者の交流会で販売…非常に効果のあった3か所ほどで販売させていただけるようにお願いする。協力者にはコラボレーション企画を提案する。

⑦著者売り…非常に重要。確実に沢山の人に書籍を読んでいただくことができるので、著者に執筆のお願いをする時点でしっかりと打合せをする。

⑧知人友人販売…1冊目は珍しいこともあって義理で購入してくださった方がいるので、2冊目は1冊目より厳しくなると予想される。1冊目の半分から3分の1になることを覚悟して、Planを立てる必要がある。

メルマガ配信、Ｆａｃｅｂｏｏｋ等の広報活動は、１冊目と同じように、複数回にわたって配信するように工夫する。

１冊目の書籍を出版してアンテナを張っていると、出版に詳しい方からお話を伺える機会が何度かあり、販売店に直接アプローチできるということを教えてもらいました。

１冊目の著者（複数人）は書店で『50歳からの起業教科書』が棚の上のほうの目立たない場所に収まっていたら、こっそり抜き取って平積みの一番目立つ真ん中あたりに置く、という涙ぐましい努力をしていました。その話をいろんなところでしていると、「そんな効果の期待できないことはやめて、直接書店の担当者に営業をかけなさい」と言われました。

次は販売書店に営業をかけます。きらきらｓｃｈｏｏｌメンバーで手分けして動いてみようと考えています。

きらきらｓｃｈｏｏｌには営業に長けた人材もいます。何で今まで気づかなかったのでしょうか。2冊目の書籍が店頭に並んだ折には関西の書店に向けて考えられる営業活動を試みようと考えています。

１回目のＰＤＣＡを回しきったので、沢山の気づきがありました。販売は、販売という行為に関与する人の気持ちがあらゆる行動に反映され、それが相手に伝わって、成果に繋がるのだという原則を改めて実感することができました。

現在2冊目の書籍（本書）の販売にあたっては創意工夫を結集してＰ（計画）を練っています。

（1）きらきらスクールの主要メンバーで営業活動に長けた会員を中心に飛び込み営業のロールプレイングを実施して、飛び込み営業の基本を身につける。

（2）書店に訪問するときに持参するための書籍のPOPについて会員からアイデアを募り、POPと販促物（ブックマーク）を作成する。

（3）タイプの違う2人が1組になって、12月中に1組当たり3～4の書店を訪問する。

11月下旬から2週間で1回目の書店訪問を実施する（まず関西の主要書店を訪問する計画）。

（4）2週間（1回目の飛び込み営業終了）後、全員で集まって情報を共有。どの方法が成果があるか。2度目の訪問を実施するべき店舗はどこかを討議して、次の2週間のアクションプランを練る。

（5）書店飛び込み営業の他に、書店に書籍が並ぶタイミングを図ってメルマガとFacebookで、出版の広報活動を開始する。特にFacebookのライブ配信は広報効果が高いようなので、メンバーと知恵を出し合って、11月下旬から12月中旬まで計画的かつ継続的な配信を実施する。

7章　楽しいコラボで仲間を増やす

1　小規模事業者の成功に有効なコラボレーションは欠かせない

有効なコラボレーションは成功の可能性を高め、成果を大きくします。

事業が成功するか否かは、成功に向かう流れが生めるかどうかがポイント

私には、不思議な体験があります。もう5年以上前の話ですが、ある会社のイベントで、ジャンケンで勝ち残った人に景品が当たるというゲームがありました。

私は普段ジャンケンがあまり強い方ではありません。しかし、このときはジャンケンを続けていると、どんどん勝ち進んでいきました。そして、最後の数人のうちの1人に自分が残ったときに、私は自分が最後まで勝ち残ると確信しました。

何故そのように感じたのかというと、その会場にいる人たちのほとんどが、私が勝ち残ることを願っていると肌で感じたからです。

実をいうとそのとき会場にいた女性参加者は、私の他に1～2人しかいませんでした。そして、2回くらいジャンケンしたところで、勝ち残っている女性が偶然に私一人になったのです。

途中から会場の中に、「1人しかいない女性にせっかくだから勝たせてあげたい」という空気が流れ始めました。その空気感が伝わってきたので、私は自信をもってジャンケンを続けることができて、結局、思った通り最後まで勝ち残りました。

ジャンケンの途中から、私も、見ている人も、ジャンケンの対戦相手も、私が最後に勝つと予想していたと思います。

プロジェクトの成功は、関係者がその成功を望むような流れをつくることができるかどうかに掛かっていると気づいたのはこのときです。

今もプロジェクトを遂行するにあたっては、有効な流れをつくることを意識しています。複数の人でよい流れが生まれるように考えながら実行し、その流れを大きくする工夫をすれば、1人では到底達成できない成果を生み出すことが可能です。

よい流れをつくるために不可欠な要件は、左記の三つです。

①参加者相互の信頼関係（流れに沿って賢く動いてくれるメンバーが揃っているか）
②参加者の動機づけ（自分たちでプロジェクトを成功させたいという気持ちがあるか）
③参加者の能力

右記の要件のうち最も重要なのは、①の相互の信頼関係だと気づきました。信頼関係がなければ、一緒に成功させたいという気持ちにはなれません。また、能力を発揮する気持ちにもなれないでしょう。相互信頼関係を築くことができない相手とは、そもそもコラボをするべきではないと思います。

有効なコラボレーションによるシナジー効果は信頼関係から生まれる

コラボの成功例と失敗例をわかりやすく図に書いて説明します。

AさんとBさんがコラボするとします。AさんがBさんを信用していなかったら、AさんはBさんが自分の理解できないこと（図表3コントロールできないX領域）を実施することに反対するでしょう。

Bさんが自分の利益を優先して、Aさんの利益を犠牲にしたら大変だからです。すると、AさんとBさんがコラボして有効に活用できる経営資源は、図表3の斜線の部分のみになります。

Aさんが沢山の経営資源を持っているのと同じように、Bさんも沢山の経営資源を持っています。能力も人脈も経験も、Aさんの持っていないものを持っているからこそ、AさんはBさんとコラボしたいと思ったのです。

しかし、2人の間に信頼関係がなければ、それぞれが別々に活動を始めた途端に、Aさんは不安になります。そしてAさんはBさんが自分（A）がコントロールできないところでプロジェクトのために活動することにネガティブな態度をとってしまいます。

つまり、Bさんが自分の経営資源を十分に使ってプロジェクトを成功させることを阻害し始めるのです。これでは、コラボが成功するわけがありません。結局、Bさんもやる気が半減してしまい、活動の範囲はしぼんでいきます。

結果として、活用できる経営資源はどんどん減少していくことになります。これならAさんはB

さんとコラボするべきではなく、Ｂさんに対価を払ってＡさんのコントロールのもとにＡさんのために活動をしてもらったほうがよっぽどましです。コラボを続ければ、図表３のように活動はどんどん衰退していきます。

コラボの成功は図表４のような状態をいいます。ＡさんとＢさんの間に信頼関係が構築されていれば、お互いの能力を尊重しあって自由にそれぞれの経営資源を出し切ることができます。

このような有効なコラボを続けていれば、シナジー効果が有効に機能して、２人の経営資源を足し算した以上の効果が期待できます。

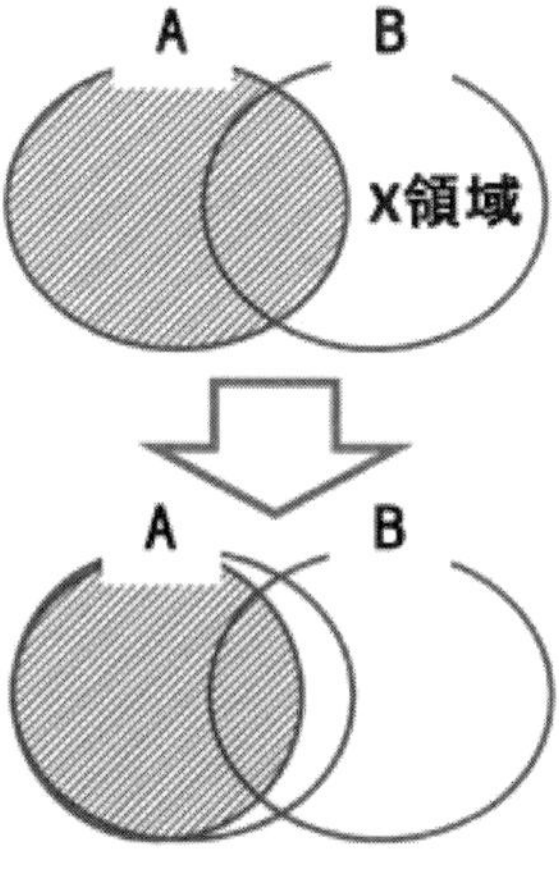

【図表３　悪循環】

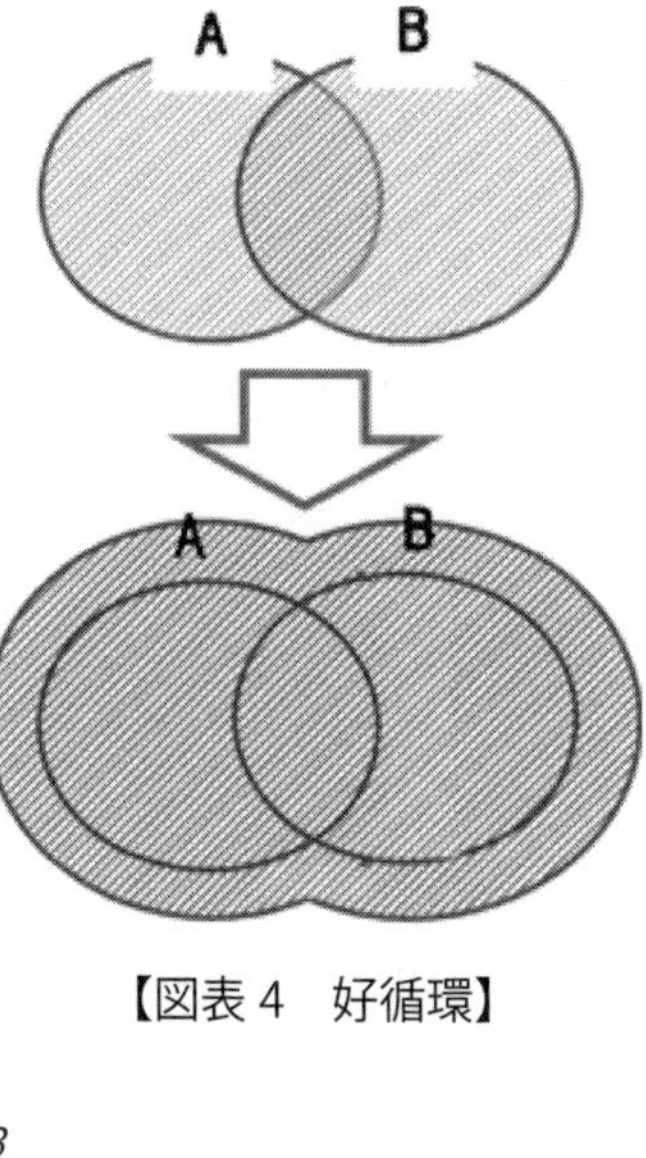

【図表４　好循環】

図表4のように活動はどんどん発展を続けます。周りの人も、この好循環に気付いて、新たに2人がコラボしているプロジェクトに参加しようと集まってきます。

きらきらｓｃｈｏｏｌを始めるにあたって、私には計画はありましたが、正直に言うと成功の確信はありませんでした。

しかし、私は今までの経験から、どうすれば成功の可能性が高まるのかを知っていました。沢山の仲間を集めて、その仲間がプロジェクトの成功を望む流れをつくれば、プロジェクトの成功可能性は限りなく高まるということを。

きらきらｓｃｈｏｏｌの今日の成功は、発足時に信頼のおける複数の人と一緒にプロジェクトの成功を目指そうと考えたことが功を奏したのだと思います。1人で始めていても、こんなに上手くいくはずはありませんでした。

2　1人では考えつかないアイデアが集まる

自分1人のアイデアはたかが知れています。

きらきらｓｃｈｏｏｌは、協力者の提案でプロジェクトを展開

現在、きらきらｓｃｈｏｏｌでは、月に1回スクーリングという名称で2時間の勉強会を開催し

ています。スクーリングは2部構成です。1時限目は委員会活動報告、2時限目は講師による講義です。委員会活動報告というのは、会員が自分のやりたいプロジェクトを発表してメンバーを募り委員会を立ち上げて、運営するというものです。

この書籍（きらきらｓｃｈｏｏｌ出版書籍2冊目）もきらきらｓｃｈｏｏｌ書籍出版委員会が音頭を取って執筆・販促活動を進めています。アパレルブランド委員会が「お仕事女子の楽ちん服」の開発・販売プロジェクトを２０１７年春から開始しました。

そして、２０１７年8月から『50歳からの後継者育成コンサルティング委員会』が発足しました（2章の3参照）。委員会の立ち上げは、「会員が安心して自分の能力を出し切れる場。最高に居心地の良い場」という、きらきらｓｃｈｏｏｌの趣旨に反しない限り自由です。

きらきらｓｃｈｏｏｌは、この委員会活動こそが他の勉強会や交流会とは違う差別化につながっていると自負しています。実は、この委員会活動というのは、経営コンサルタントをされている大先輩のアイデアから生まれました。

「学校（ｓｃｈｏｏｌ）なのだから、いろんな人の発案で委員会活動を立ち上げていけば面白いんじゃないかな」正直言って、はじめて聞いたとき、すぐにはピンと来ませんでした。しかし、私はその方をとても尊敬して頼りにしていたので、取り敢えず試しにやってみることにしました。

まさにその方のX領域（１５３ページ 図表3）を活用させていただいたわけです。それが現在も継続して成果を上げている「きらきらｓｃｈｏｏｌの委員会活動」なのです。

関係者の応援なくして成功はあり得ない

きらきらｓｃｈｏｏｌを発足した当初、私は書籍を出版したいと考えていました。起業を応援するコンサルチームをつくって活動したいという希望があり、そのためのテキストをつくりたいという気持ちがあったのです。

書籍を共著で出版すれば、執筆者相互の協力体制も確立できるし、テキストも完成するし、宣伝効果も期待できるし、正に一石三鳥です。

しかし、自分が中心になって書籍を出版したことはありませんでしたし、はじめから出版に沢山のお金を掛けることもできないと考えていました。すると、また別の大先輩が出版社の社長を紹介してくださり、とんとん拍子で1冊目の書籍の出版が叶いました。

「お仕事女子の楽ちん服」プロジェクトもしかりです。50歳の自分をターゲットとして商品展開している婦人服ブランドがないのが長年の不満でした。「仕事をしている50代の女性が一日着用して仕事をしても楽ちんなのに、見た目はきちんとして見えて、ビジネスシーンで重宝する洋服をつくりたい」と思いましたが、自分1人では何もできません。

何とかブランドを立ち上げることができないかと思案しているときに、長年子供服ブランドの企画・製造・販売に携わってきたM氏と出会いました。

広告宣伝や販路開拓はどうしようかと思案していたら、偶然クラウドファンディングを運営している社長と交流会で出会い、クラウドファンディングを利用することを思い立って、そのまま突っ走りました。

この交流会に私を誘ってくれたのも、きらきらｓｃｈｏｏｌのメンバーです。

現在、面白い展開になっているあらゆる活動のきっかけは、すべて仲間が機会をつくってくれたり、アイデアを提供してくれたりしたのが始まりです。きらきらｓｃｈｏｏｌがブランディングを意識して、細々とでも情報発信を続けたことが功を奏したのではないかと思います。自分のやりたいことを明瞭にして発信し続けることは、効果的なコラボレーションを実現するために不可欠です。

コラボで情報発信力が変わる

クラウドファンディングが成功したのは、１００％仲間のおかげです。クラウドファンディングははじめての経験でした。クラウドファンディングの存在は知っていましたが、自分がクラウドファンディングのｗｅｂページを見て誰かのプロジェクトを支援した経験はありませんでした。

はじめて、クラウドファンディング運営業者に説明を聞きに行くに当たっては、きらきらスクールの有志４人でいきました。複数の信頼できる仲間に一緒に直接話を聞いてもらって、それぞれが自分の得意な分野でどのように協力できる可能性があるかを提案してもらうのが、一番話が早いと思ったからです。

クラウドファンディングの募集期間の終盤に、支援がなかなか伸びずに、目標額に達するのが困難な状況に陥ったとき、メンバーの１人が、Ｆａｃｅｂｏｏｋのライブ配信をしようと提案してくれました。Ｆａｃｅｂｏｏｋの投稿より、ライブ配信のほうが、Ｆａｃｅｂｏｏｋ友達のタイムラインに上がってくる可能性が高くて広報効果が期待できるという情報を得て提案してくれたのです。それから、毎晩夜19時にクラウドファンディングの支援依頼のライブ動画を配信しました。

1人では、Ｆａｃｅｂｏｏｋのライブ配信をするということも思いつきませんでしたし、仮に思いついたとしても、毎晩やり続けることはとてもできなかったと思います。でも、仲間がいれば別です。弱気になっても、仲間が励ましてくれます。

最近は、きらきらｓｃｈｏｏｌの情報をＳＮＳで配信すると、仲間がシェアしてくれるので情報の拡散効果が上がります。複数の人の口から伝達された情報は受け手にとって信憑性が高いと評価されます。社会的に信用されている方が仲間になって情報発信してくれれば、鬼に金棒です。

3　活動範囲が広がり、継続可能性も高まる

> 新たな世界が広がり、継続も容易になります。

必要に迫られると視野は広がる

私は男性が買いたいと思う品には全く興味がありません。紳士物のスーツも小物もかばんや文房具も、全く興味の対象外です。

しかし、クラウドファンディングを経験して、興味の対象はある程度広げておく必要があると反省しました。クラウドファンディングでは、支援者に対してリターンと呼ばれるお返しをしなければなりません。

「3000円支援していただいたら、お礼にAというリターンをお返しします。5000円でしたら、BまたはCのうち、お好きな方のリターンをお送りします」という風に、支援者が喜びそうなリターンを決めてwebページで広く公開し支援を仰ぎます。

私は、自分なりにリターンを考えてwebページに載せましたが、後から考えると反省するところが満載でした。特に失敗だったのは、私が欲しいと考えるリターンを並べたので、男性の支援者がもらってうれしいリターンがほとんどありませんでした。しかも、後から沢山の方にそのことを指摘されてはじめて気づくという感性の乏しさでした。

でも、この感性の乏しさは実は致命的なのです。現在、きらきらschoolの会員さんは8割が男性で、支援者も協力者もほぼ同じ比率で男性が多いのです。したがって、男性が喜ぶ企画を考えないと、関係者を喜ばせることはできないのです。

とはいうものの、いくら想像力を駆使しても女性の私には男性の嗜好はわかりません。こればかりは、男性協力者の生の声をしっかりと収集して耳を傾けるしかないのです。

製品開発の件で、男性会員さんから提案がありました。「出張のときスーツケースに入れて持っていくのに便利なリュックを開発してほしいな」「PCの電源等を入れて持ち運ぶのに便利なポーチみたいなものをつくったら買うよ」

「そんなものは探せばどこにでもありそうなのに」というのが私の本音でした。でも、男性は女性よりどこに何を売っているという情報に疎いようです。私の知らないところに、ビジネスチャンスが潜んでいるかもしれないと感じています。

コラボできるから未踏の分野に踏み出せる

きらきらｓｃｈｏｏｌにはありとあらゆる利害関係者がいます。会員には、組織で活躍している人もいますし、個人事業主として事業を立ち上げた人もいます。既に会社を立ち上げて何年にもなるベテラン経営者、専門家として事務所経営をしている士業の方、年齢もバックグラウンドも様々です。

会員さん以外にも、専門家としてご協力いただいている関係者がいます。何かあったら、すぐに相談に乗ってくれて、必要に応じて仕事を依頼できる専門家がいます。

この方たちは、さらに沢山の方と繋がっていますので、必要に応じてぴったりの人選が可能です。

継続することにつながる

いくら頑張っても、1人の力は知れています。頑張り続ける気力を長い間温存し続けるのは一人では無理と言っても過言ではありません。人には調子のよいときと悪いときがあります。調子の悪いときは、温かい励ましや労りの言葉が必要です。万一、自分が動けなくなったときにはフォローしてくれる体制がなければ、プロジェクトを長期的に続けていくことはできません。

困難に直面したとき、自分のためにだけなら逃げ出したくなります。でも、たくさんの人が絡んでいるからこそ、何とか踏ん張って頑張りきれるというケースもあります。周りから信頼されて頼られていたら、その期待に何とか応えようと頑張れるものです。

困難な状況に陥ったときにそこから抜け出すための知恵や協力を仰ぐときも、親身になってくれる関係者が沢山いるに越したことはありません。

コラボすることはリスクヘッジにもつながります。変化の激しい現在は、今利益が発生している分野で商売をしていても未来永劫利益を出し続けられる保証はありません。

私たちは、小さい規模であっても、ある程度の多角化を進めて、一つの商売が衰退傾向に陥っても、他の商売にシフトして利益を生み出せるように、常に新しい可能性を模索していく必要があります。

しかし、小規模経営者の経営資源は知れています。次々に新しい可能性を探って新規事業の市場開拓を続けるには限界があります。そこで、利用できるのが有効なコラボレーションです。一から、新規市場を開拓しなくても、既にその商売に精通している人と、自分の経営資源を提供することでコラボするのです。

友人の飲食店では週末にコンサートを開いたり、料理教室を開催したりして、常連客の好評を得ています。近隣の店舗とコラボして町の店舗マップをつくり、共通の飲食割引チケットをマップに添付するコラボの成功例もあります。

最近は、メイク・ヘアセット・レンタルドレス付きの写真館が人気ですが、顧客にうれしいワンストップサービスを少ない資金で充実させるにはコラボの活用が欠かせないと思います。これからも、新しい形のコラボサービスがどんどん生まれてくると期待しています。

4 どんな素敵な人とコラボできるかは自分次第

相手も素敵なコラボの相手を探しています。

誰かが犠牲になる関係はコラボではない

コラボすることで重要なことはお互いにｗｉｎ‐ｗｉｎの関係になるということです。相手もハッピー、自分もハッピーでない限り、コラボする意味がありません。

相手の利益を犠牲にして自分がハッピーになってしまったら、相手は、今度はあなたの利益を犠牲にして自分の利益を追求しようと考えるでしょう。そんな関係性が長続き

するはずがありません。

それなら、はじめから一緒にプロジェクトをやらないほうがましです。

重要なのは思いやりの心と、コミュニケーション能力

コラボを上手く成功させるためには、相手の利益を犠牲にしないように、しっかりとコミュニケーションを図り、双方が納得する方法（条件）でプロジェクトを展開する必要があります。

その際に大切なのは、相手を思いやる気持ちと信頼関係だと思います。人はついつい自分本位になってしまうので、良い関係を長続きさせるには相手を思いやることが大切です。本当に相手を思いやるためには、信頼関係の構築が不可欠です。

理想的なコラボ

理想的なコラボは、自然発生的に生じることがあります。意気投合して、こちらがコラボしたいと思ったとき、相手もコラボしたいと思ってくれて、とんとん拍子に話が進むというケースです。

そのときに素晴らしい相乗効果を発生させるためには、私たちが普段から自分磨きをしている必要があります。

自分が周りの環境に良い影響を及ぼす能力を身に付けていれば、自分に良い影響を及ぼしてくれる存在が近くに現れます。

普段からブランディングと情報発信を怠らない

幅広い人脈から、ベストなコラボの相手を見つけ出すためには、ブランディングと情報配信が有効です。自分をしっかりとブランディングして、その情報を発信することで、ベストなコラボ相手があなたを見つけてアプローチして来てくれるかもしれないからです。

あなたと同じように、たくさんの人がｗｉｎ-ｗｉｎの関係を求めてコラボの可能性と相手を模索しています。周りの人に、あなたを見つけてもらうための情報発信は非常に重要です。

☆*…*☆ episode ☆*…*☆ episode ☆*…*☆ episode ☆*…*☆ episode ☆*…*☆ episode ☆*…*☆

Yさんの翻訳事業サクセスストーリー（エピソード10）

『英語ほんやくのＣｅｒｅｓ』は２０１５年4月に産声を上げてから、周りの皆様に支えられ順調に成長を続けています。

今日の成功を支えているのは左記の三つの要因があったためです。

①英語が大好きで、長年にわたりずっと英語の勉強を続けてきたこと

②10年以上中小企業支援の業務につき、そこで、多くの中小企業や個人事業主の方々が英語でお困りの場面を見てきたこと

③信頼できるパートナー（Cさん：共同経営者でアメリカ出身）と出会ったこと

次に、それぞれについて説明します。

①英語の勉強を続けたこと

語学の勉強は継続が一番重要です。「何年くらい英語の勉強をしたのですか」と、よく聞かれるのですが、はじめて英語に出会ったときから現在進行形でずっと勉強を続けています。語学の習得にゴールはありません。どんなにレベルが上がってもです。

私は学生の頃から英語の勉強が大好きで、いつも必死に勉強するので、英語の成績は常にトップクラス（英語だけは）！　いつかスッチー（これは、かなり前のキャビンアテンダントの俗語）になって、世界中を飛び回ることを夢見ていました。しかし、当時スッチーは女子の中で人気№1。100人に1人の狭き門でした。

何度トライするも、落ち続けて、結局英語を使わない仕事に就きました。それでも、粘り強く、英語の勉強は続けました。出産子育てでブランクはあったものの、子育てが落ち着いたらすぐに勉強を再開しました。

ラジオの英会話番組、通信教育、英語教室への通学、なんでもやりました。英字新聞やペーパーバックも片っ端から読みました。

その甲斐あって、英検準1級合格。さらに3年後には英検1級合格。その翌年には通訳案内士の資格試験に合格しました。

TOEICは700点くらいから毎年受けていましたが、点数はどんどん上がり、ついに970点に至りました。工業英語・医療英語などを勉強して、翻訳の勉強もやりました。

それでも、その頃は英語を使う仕事に就くチャンスを掴むことができませんでした。

実は、英語を使う仕事に出逢えなかったことが、結果的には「英語ほんやくのＣｅｒｅｓ」の誕生に繋がりました。これまで自分がやってきたことすべて（英語の勉強、いろいろな人と出会ったこと、英語以外の勉強をしたこと）が、「英語ほんやくのＣｅｒｅｓ」の誕生に結び付いたような気がします。

英語の勉強は、もちろん今も続けています。毎日新しい発見があり、世界が広がり、とても楽しく勉強を続けています。

②10年以上、中小企業支援業務にかかわってきたこと

私は中小企業基盤整備機構に9年、大阪産業創造館に1年、ソフト産業プラザイメディオに1年在籍していました。そこで、中小企業者の沢山のご苦労を見てきました。

仕事は事務と専門家の補助業務でしたが、そこでは本当に沢山のことを学び、「英語ほんやくのＣｅｒｅｓ」の立ち上げには、間違いなく大きく影響しました。

それ以外にも沢山の仕事を経験しています。残念ながら英語を使う仕事にご縁はなかったのですが、英語にこだわらず、何でもやってやろうという精神で、雑貨屋さんの店員、病院の受付、派遣会社の事務、企業年金の事務、書店の事務など、アルバイ

episode ☆*...*☆ episode ☆*.. ☆*...*☆ episode ☆*...*☆ episode ☆*..

トや派遣契約でいろいろな経験をしました。そして、それでも英語の勉強だけは続けていました。

今思うと、すべての経験が「英語ほんやくのＣｅｒｅｓ」の誕生に結び付いています。まるで、はじめから「英語ほんやくのＣｅｒｅｓ」誕生に向けて、長い修行をしてきたのではないかと思えるのです。

③信頼できるパートナー（Cさん：共同経営者でアメリカ出身）との出逢い

Ｃｅｒｅｓ誕生の約1年前、友人宅でのパーティーで、英会話の先生で兼ねてからの友人Cさんと翻訳ビジネスを立ち上げることで、意気投合しました。Ｃさんは元々日本で英会話の先生をしていましたが、英語を教える仕事より、日本の文化や産業を適切な英語で世界に広める仕事がしたいという志をもち、翻訳の勉強をして、見事に翻訳家に転身し実績を積んでいました。

Ｃさんは、「一緒に手を組むことで、直接お客様に翻訳を提供し、ニーズに柔軟な対応をしてお客様の要望に応えたい」と言ってくれました。意気投合した私とCさんは、その後約1年をかけて定期的にミーティングを重ね、どのように翻訳ビジネスを展開していくのか、アイデアを出し合いました。そして、２０１５年4月、「英語ほんやくのＣｅｒｅｓ」が誕生したのです。

isode ☆*...*☆ episode ☆*...*☆ ☆ episode ☆*...*☆ episode ☆*...*☆

Ｃｅｒｅｓの創業後、すぐにお客様からお問合せ、ご注文を頂戴しました。現在も、受注は徐々に増えています。ニーズは益々高まっていると実感しています。

現在、Ｃさんと私はお互いの強みを生かして、有効に連携し、お客様により良い翻訳を提供しています。

「まるで、はじめから現在の成功に向けて長い修行をしてきたと思える・・・」

そんな気持ちになれるのは、とても幸せなことですね。

すべては自分次第だということをご自身の経験で立証したＹさんです。ずっと前向きに前進を続けたからこその発想ではないでしょうか。

同じように努力を怠らなかった、スタンスの似た仲間とコラボすることが叶い、これからの発展にみんなが注目しています。

8章　継続は力なり

1　成功の秘訣は続けること

顧客にとって価値のあるものを提供し続けることは、利用者の要望に耳を傾けて微調整を重ねることで可能になります。感度の良いアンテナを張って、常に学ぶ姿勢で事業を継続することが、変化するニーズに合致した物（サービス）の提供に繋がります。

事業を継続しなければ、真に価値のあるものを提供できない

試行錯誤を続けなければ、良い物やサービスを提供することはできません。

事業を継続することで、変化する顧客ニーズを的確につかみ、顧客にとって真に必要なものを提供することが可能になります。

顧客からのフィードバックを収集・分析することで、はじめて顧客にとって必要なものは何なのかを把握することが出来るからです。

継続することで、利用者との関係性を築くことができる

顧客との関係性の構築はブランディングの形成プロセスでは非常に重要です（4章の5参照）。様々な情報を欲する顧客に対して、製（商）品やサービスに関する適切な情報を過不足なく提供する事業者が支持されます。顧客の求めている情報を理解したうえで、適切な情報を発信しなければなりません。

更に、こちらが発信した情報を、相手に信用してもらい受け入れてもらう必要があります。これは相互の信頼関係なくしては不可能です。時間をかけて築き上げた強固な信頼関係がなければ、うまくいきません。

顧客との良好な関係性を保持し続けることで、啓蒙活動が可能となります。将来は、さらに環境に対する消費者の意識が高まることが予想できます。これからは、生産プロセスから使用後の廃棄に至るまでの環境負荷を考慮して自らの消費行動を考えたい人が増えるでしょう。

自己の消費行動が、社会や地球環境に対してどのような影響を及ぼす可能性があるのか、目の前の製（商）品やサービスが、日本の製造業（サービス業）の育成や外国人労働者の雇用にどのように関係しているのかについて、正しい情報を発信し続けることが事業者に求められる時代になります。

小規模事業者であっても、このような取り組みを疎かにすることなく、自分のスタンスにあった顧客とｗｉｎ‐ｗｉｎの関係を構築することで、顧客に支持され続け、事業を継続していくことにつながると思います。

続けていれば、波に乗るチャンスが到来する

私は事業を軌道に乗せようと奮闘しているときにあることに気づきました。それは、「ラッキー

は定期的に訪れる」ということです。このラッキーが訪れたタイミングを逃さずに確実にそのラッキーを生かせば成功に繋がります。

はじめは能天気に、「ご先祖様が一生懸命頑張っている私を可哀そうに思って、定期的にラッキーな現象を起こしてくれているに違いない」と思っていました。

しかし、落ち着いてよく観察すると、私の場合は毎年7月〜8月頃にラッキーが訪れるということに気づきました。

暫くして、これはラッキーというより、一種の転機なのだということがわかりました。新しい人と出会ったり、新しい情報が入ってきたり、思わぬアドバイスをいただいたり・・・。それは、時には自分には荷が重すぎて、乗り越えるためにかなりの労力が求められることもあります。

しかし、それをやりきることで、いつも新たな成長と発展を遂げることができて、結果として、一つひとつの転機がとてもラッキーな結果に繋がっています。

ラッキーは誰にでも公平に訪れているような気がします。ラッキーが訪れたタイミングで自分のコンディションが悪いと、ラッキーをつかみ損ねるどころか、ラッキーの到来にさえ気づかずに過ごしてしまうことがあります。

自分のコンディションを良くするように努めて、訪れたラッキーにきちんと気づき、まじめに努力すれば、誰でもある程度は成功すると思います。

しかし、つかんだラッキーをどれだけ生かすことができるかは、それまでどのような生き方をしてきて、周りにどのような協力者がいるかで大きく差が出ます。

摑んだラッキーを大きく生かそうと思えば、沢山の人に支持されるために、沢山の人を好きになる必要があると思います。こちらが好きにならないと相手は自分を好きになってはくれないものです。

それがこれからの課題です。

私には好きな人が沢山いますが、嫌いな人も少なからずいます。狭量な私は嫌いな人にこちらから働きかけて何かを与えることがなかなかできません。だから自分には到来したラッキーを生かしきれてはいないのではないかと思います。この課題はこれから継続して考え続けないといけないと思います。

私は今までに色んな人の努力と犠牲によって構築された過ごしやすい環境（平和で豊かな日本）で安心して幸せに暮らしてきました。これから先の幸せを求めるのであれば、次の世代や周りの人に自分の培った何かを意識的に与えることが重要であると気づきました。

まだまだこれから先、さらなる成長が必要だと思います。

episode ☆*

困難に直面しても助けてくれる人が現れる（エピソード11）

☆*…*☆ episode ☆*…☆*…*☆

「毎朝5時に起きなさい」と尊敬する大先輩からアドバイスされて、私は２０１４年４

月から毎朝5時に起きています。

２０１４年春、私がひどく落ち込んでいると、懇意にしている方が私をK会長の元に連れていって下さいました。

そのときにK会長は私に、「運を良くしようと思ったら、毎朝5時に起きて掃除をしなさい」と仰いました。そのときは非常に苦しい境遇にいたので、私は藁にもすがる思いで言われた通り朝5時起床を始めました。そして、早起きを続けているうちに、確実に運が良くなってきたことを肌で感じました。

直接的でも間接的でも人が喜ぶことをすると自然に運は上に向きます。掃除をして、周りの人が気持ちよく過ごせる環境をつくると運気が良くなるのは、周りの人を喜ばすことができるからなのかもしれません。

また、掃除をしていると見えないものが見えてきて非常に段取りがよくなります。仕事の効率も上がり、早起きと掃除はよいことずくめです。K会長には、経営全般に素晴らしいアドバイスを頂戴したと、心から感謝しています。

K会長との出会いが私にとっては大きな転機になったのですが、この出会いを設けてくれたのは、私のことを心配してくださった関係者の1人です。私からは何もしていないのに、周りの人からは感謝のお返しができないくらい沢山のものを与えていただいています。

2　事業を継続させるには、小さい規模でスタートするのがおすすめ

> リスクを取らずに小さく始めます。
> 小さく成功したら、自分の好きな規模まで大きくします。

段階を踏んで規模を大きくする

「まず、確実に小さい成功を収める。次に少し規模を大きくして（巻き込む人を増やして）、確実な成功を収める。更にもう少しだけ規模を大きくして…」

この繰り返しでだんだん規模を大きくすることが、遠回りのようでも、実は一番近道です。この方法によると、大きく方向性を間違うことがないので、結果としてロスが減り、最短で達成可能な目標に向かうことができます。

小規模事業者は、十分なお金をかけて市場調査をしたり、大々的な広告宣伝をうったりすることができません。

はじめは、自分の目と耳でリサーチして、「この規模なら大丈夫」と思える大きさで着実に成功を収めるべきです。

そして、経験を通じて、市場の動向をしっかりと掴んでから、少しずつ規模を大きくすることを

考えるとよいでしょう。

対応可能なリスクしか負わない

この手法によれば、リスクのコントロールが可能になります。最悪の事態が生じたとしても、何とか事業を続けられる規模で始めて、一旦、確実に成功を収めるのです。そして、自分自身で身をもって、しっかりと学習をしてから次のステップに進みます。

これは、地道で堅実なやり方です。勢いに乗ってスターになるような華々しい体験はできないかもしれませんが、「自分が考えたビジネスを確実に社会に根づかせたい」という強い志があるなら、この手法がお勧めです。

「周りに沢山の情報を発信し、社会に影響を与えて世の中を変えたい」という志が強いなら、ある程度の規模にまで事業を発展させる必要があるでしょう。それでも、一歩一歩段階を経て進めていかなければ、結局目標の達成が遠のきます。

人生は飛躍的に長くなりました。そんなに急ぐ必要はないように思います。

どの規模が自分に一番よいかをゆっくり考える

規模が大きいことが、必ずしもよいわけではありません。規模は自分に最も適した大きさをゆっくり考えて選択すればＯＫです。

無理は禁物。無理をすれば楽しく続けることができなくなり、熟年起業家にとっては致命的です。無理を続ければ、大切な健康を害してしまい、取り返しのつかないことになるリスクまであります。

大きい失敗をして何度も這い上がるという成功体験をよく耳にしますが、熟年者の大失敗は再起不能に繋がる危険があります。周りに迷惑を掛けたくない方におすすめはしません。

自分で一から起業するということは、自転車に乗ったことがない人が自転車に乗るのと似ていると思います。自転車でスイスイ、風を切って気持ちよさそうに走っている人を見たら、自分もスイスイ走りたくなります。

恰好良い自転車に乗ってペダルを踏めば、上手に乗れそうな気がします。

でも、実際にはバランスを上手く取ることから体で覚える必要があります。これはかりは、格好悪くても、何度も地面に足をついて、体で感覚をつかむしかないのです。

1台目の初めて乗る自転車は初心者向けのものが望ましいのは言うまでもありません。いきなり上級者向けのロードバイクを購入するのは、無理があるとは思いませんか？

はたから見るとわかりきっているように思えるのですが、同じ過ちを犯す人は後を絶ちません。

規模については、始めてからゆっくり検討すればよい

自転車に乗るためのノウハウ本を読んでも自転車には乗れるようになりません。恰好の良し悪しにはこだわらず、始めてみることに意義があります。

私たち、きらきらｓｃｈｏｏｌも常に新しいプロジェクトの可能性を模索しながら、たくさんのことを細々と続けています。将来はメンバーをはじめとするあらゆる関係者をハッピーにする影響力を持つという夢を持っています。

「きらきらｓｃｈｏｏｌの会員です」と外でお話してくださったときに、「あの、きらきらｓｃｈｏｏｌの会員さんですか。もう長いのですか？　きらきらｓｃｈｏｏｌの会員さんなら能力的にも人間的にも信頼できますね。今度、ビジネスで一緒にコラボしませんか？」と沢山の人に言われる存在にしたいと思っています。

規模は自分の体力・気力を考えて、逆に、小さくすることもできる

私たちは、自分の好きな規模でずっとハッピーに続けることができる新しいビジネスモデルを模索しています。

一旦は大きい自転車で凄い坂道やでこぼこ道を猛スピードで走っていたとしても、だんだん安全な自転車に乗り換えて、最終的には動力付き自転車に乗り換えるという方法があります。

ビジネスも、Ｍ＆Ａを利用すれば、利益を生む事業を分割して売却する（営業譲渡する）ことが可能です。購入先を探してくれる仲介業者もいます。

自分に一番ピッタリのベストな規模に形を変えながらずっと続けるという、ちょっと贅沢な仕事

の続け方を模索し、提案したいと思います。

新しい技術とサービスを駆使すれば、楽しく自由にあらゆることを設計することが可能だと考えています。

世の中には、たまたま追い風が吹いて事業に成功する人もいます。世間で「ビジネスが当たった」と言われるケースです。しかし、どんな環境でも追い風が吹くこともあれば向かい風が吹くこともあります。３年以上着実に成長を続けている事業経営者はあらゆる努力をしています。すべては自分次第なのです。

成功を続けている経営者がきちんと実践しているのが手堅いブランディングです。ブランディングはビジネス規模の大小に関わりなく事業を継続させるためには不可欠です。ビジネスは自分でブランディングに責任を持てる、ちょうどよい大きさで継続することが望ましいのではないかと思います。

4章で、ブランディングにはコンテンツと関係性の両輪があると書きました。どちらも非常に重要です。しかし、自分の力でどうにかしないといけないのは、特にコンテンツの中核の部分です。

きらきらｓｃｈｏｏｌには、沢山の仲間と協力者がいるので、メンバーの誰かが新しくビジネスを始める際は、人脈を紹介したり広報活動を応援したりすることができます。つまり、関係性の構築のお手伝いをすることができます。コンテンツについても、パッケージの形やデザイン「見せ方」についてはアイデアを提供することができます。しかし、ビジネスの本質的なコンテンツについては、ご自身で準備してもらわなければどうしようもありません。

コンサルタントやセミナー講師を目指す場合も同様です。仕事を依頼してくれそうな事業所をご紹介することはできます。見せ方（話し方・姿勢・資料のつくり方）もお手伝いできます。しかし、自らの経験や学習に基づいて誰かを指導できなければ、コンサルタントやセミナー講師にはなれません。

これからは、組織の中で仕事をしていても、主体的に自分のコンテンツを磨くことに積極的であるかどうかで将来の可能性に大きな差がつきます。

年齢に関わりなく、自己のキャリアの蓄積に積極的なあなたなら、いつまでも誰かに求め続けられるに違いありません。

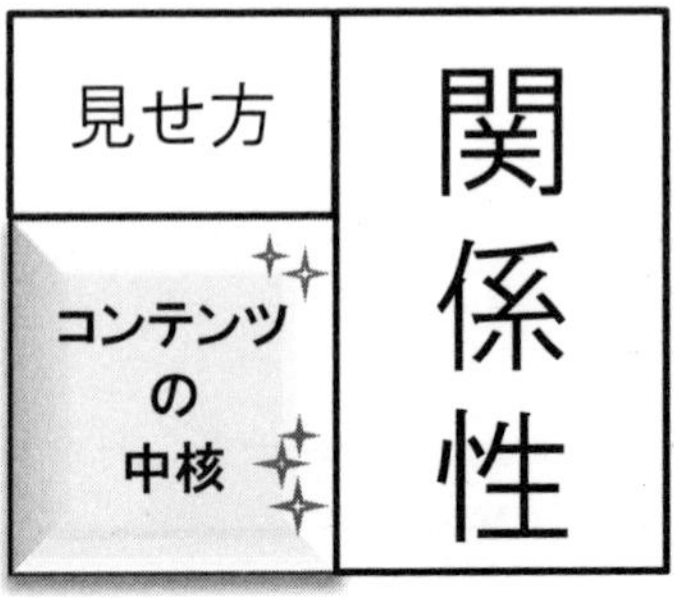

おわりに

医療の進歩に伴い健康寿命が伸びました。60代・70代の方は昔と違って、とても若くて元気です。60代で仕事を完全にリタイアして遊んで暮らすには、その先の人生が長すぎます。直ぐに退屈するに違いありませんし、せっかくの能力も使わなければあっという間に退化してしまいます。とはいうものの、60代以降は大きなストレスが伴うハードな働き方は避けたいのも人情です。若いときに比べると回復力が衰えてくるので、無理をすると大切な健康を害してしまうリスクがあると思います。

私には60歳になったら実行したい夢があります。海と里山があり、気候が温暖な香川県（主人の故郷）に住まいを構え、自分の食べる野菜づくりに精を出し、自分で自分の健康に良い食事をつくって食べる生活をしながら、ネットで全世界に情報発信したり、食べきれない美味しい野菜をネット通販で販売したりする生活を送るという夢です。

昔から田舎暮らしに漠然とした憧れを持っていましたが、今までの生活と全く違う環境に飛び込むのは無理だとあきらめていました。しかし、昨今のインターネット環境と流通網の発展で田舎生活を満喫しながら、今まで培ってきたネットワークを使って新たに挑戦できる楽しいことは、工夫次第で山ほどあると気づきました。

60歳で田舎暮らしを始めて、新しいことにどんどんチャレンジして、成功例も失敗例も広く皆さんに情報発信したら、田舎暮らしに、憧れる都会の人に、将来の参考にしていただくことができます。田舎暮らしに憧れる人はリアルな情報に触れることができますし、私自身もそんな人たちと繋がることによって、田舎で暮らしていても寂しい思いをする心配がなくなります。

まさに、ｗｉｎ‐ｗｉｎの関係です。ＳＮＳで意気投合した友達が田舎暮らしの私のところまで遊びに来てくれるかもしれません。

技術とインフラの発展で私たちの寿命が飛躍的に伸びたのと同時に、生き方の選択肢も飛躍的に広がっています。年齢をはじめとするあらゆる制約を乗り越えて、やりたいことはあきらめずに挑戦することができる時代です。

しかも、大きなリスクを負担する必要もなくなりつつあります。

私は80歳くらいになって、どうしても便利な生活が恋しくなったら、また都会に戻ってくれば良いと考えています。友達も子供たちもいる大阪に戻りたくなったら戻ってくればよいと思うのです。何も一旦行ったら帰ってきてはいけないという決まりはありません。

私たちは今まで頑張ってきたのですから沢山の潜在能力があるのです。これからもいろんな新しいことができる可能性を秘めています。若い人にはできない情報発信ができます。大好きな人をハッピーにする能力を持っているのです。これからどんなチャレンジも可能です。自分と周りを信じて、頭を使えば幾つになっても可能性は無限大です。

海﨑　雅子

《執筆者》
市耒晃次　ＢＧＭ株式会社　代表取締役
八代裕子　英語ほんやくのＣｅｒｅｓ　代表
西本邦夫　西の風技術工房合同会社　代表
泉谷康彦　販路開拓舎　代表
江野智義　えのコンサルティングサービス　代表
小西正秀　ＭａＫｏ情報システム研究所　代表
宮田正之　システムＭ　代表
宮田直樹　プランニングＢ♭　代表
米山高志　公認会計士・税理士
海﨑雅子　きらきらｓｃｈｏｏｌ　代表

《イラスト作成者》
正亀芳恵　有限会社　海﨑雅子事務所
宮田愛実　有限会社　海﨑雅子事務所

編著者略歴

きらきら school

きらきらschoolは、2016年7月から活動を始めたコミュニティーです。会員が年齢やバックグラウンドを超えて、周りの人と協力して自己の力を最大限に発揮することを目標に掲げています。理念に賛同していただける方が集まって、会員のアイデアで様々な活動をしています。勉強会の開催、マーケティング・販売活動、書籍の出版、コンサルティングサービス等が現在実施している活動です。1人ではできないことを、仲間の力を借りることで1つひとつ実現させていくことができる、最高に居心地のよい場所が『きらきら school』です。

(『きらきら school』では、webページを通じて、企業支援等の情報発信をしています。

https://www.kirakira-school.net/)

《きらきらschool の挑戦》
すべては自分次第「50歳から自分を売る」

2017年11月17日 初版発行

編著者　きらきら school　©Kirakira　School
発行人　森　忠順
発行所　株式会社 セルバ出版
〒113-0034
東京都文京区湯島1丁目12番6号 高関ビル5B
☎03（5812）1178　FAX 03（5812）1188
http://www.seluba.co.jp/
発　売　株式会社 創英社／三省堂書店
〒101-0051
東京都千代田区神田神保町1丁目1番地
☎03（3291）2295　FAX 03（3292）7687

印刷・製本　モリモト印刷株式会社

Printed in JAPAN
ISBN978-4-86367-374-8